职业教育
行动导向的教学

赵志群 [德]海尔伯特·罗什（Herbert Rösch）著

清华大学出版社
北京

内 容 简 介

职业教育的任务是促进学习者综合职业能力的发展并提高其职业素养。本书对诞生于德国、并在国内职业教育界广泛实践的行动导向教学理论和行动教学方法进行了较为全面的介绍，以期为职业教育教学研究提供可靠的理论基础，为教学改革提供方法和工具上的支持。本书内容包括理论和实践两个层面，理论层面对当前国内外有关行动导向理论研究的进展进行了综述，实践层面则介绍了若干应用广泛的行动导向的教学方法。

本书适合广大职业教育院校管理者和教师阅读参考。

本书封面贴有清华大学出版社防伪标签，无标签者不得销售。
版权所有，侵权必究。举报：010-62782989，beiqinquan@tup.tsinghua.edu.cn。

图书在版编目(CIP)数据

职业教育行动导向的教学/赵志群，(德)罗什著.--北京：清华大学出版社，2016(2025.1重印)
ISBN 978-7-302-42690-5

Ⅰ.①职… Ⅱ.①赵… ②罗… Ⅲ.①职业教育—教学研究 Ⅳ.①G712.0

中国版本图书馆 CIP 数据核字(2016)第 064223 号

责任编辑：刘士平
封面设计：傅瑞学
责任校对：刘　静
责任印制：杨　艳

出版发行：清华大学出版社
网　　址：https://www.tup.com.cn，https://www.wqxuetang.com
地　　址：北京清华大学学研大厦 A 座　　邮　编：100084
社 总 机：010-83470000　　邮　购：010-62786544
投稿与读者服务：010-62776969，c-service@tup.tsinghua.edu.cn
质量反馈：010-62772015，zhiliang@tup.tsinghua.edu.cn

印 装 者：涿州市殷润文化传播有限公司
经　　销：全国新华书店
开　　本：185mm×230mm　　印 张：9.75　　字　数：143千字
版　　次：2016年4月第1版　　印　次：2025年1月第12次印刷
定　　价：49.00元

产品编号：067508-02

作者简介

赵志群博士,教授,北京师范大学教育学部职业与成人教育研究所所长。研究领域:职业教育课程与教学论、职业教育质量保障、职业学、比较职业教育。兼任中国职业技术教育学会理事,学术委员会委员,教学工作委员会副主任,教学过程研究会主任;人力资源和社会保障部专家咨询委员会委员;北京市政府督学;国际现代学徒制研究网络(INAP)理事;亚洲职业教育与培训研究会(AASVET)理事。

海尔伯特·罗什(Herbert Rösch)博士,慕尼黑工业大学社会与经济学院职业教育讲师,副教授,手工业师傅,职业教育实践课教师教育讲师,主要研究与教学领域:职业教育的行动导向教学,管理人员培训,特别是在领导力、团队发展和冲突管理方面。曾在中国的北京、上海、南京、杭州、济南、武汉等多地讲学。

当代职业技术教育理论与实践探索丛书

丛书主编

赵志群　北京师范大学

学术顾问

Prof. Dr. Dr. h. c. Felix Rauner　德国不来梅(Bremen)大学

石伟平　华东师范大学

本书系教育部哲学社会科学研究重大课题攻关项目"中国现代职业教育质量保障体系研究"(编号:13JZD047)研究成果之一。

总　　序

随着我国职业教育事业的迅速发展,我国职业教育研究也空前繁荣,然而在职业教育实践中,我们仍然受到很多未解问题的困扰,这不但涉及诸如建立技能型人才成长立交桥和提高职教吸引力等宏观问题,也包括课程与教学等中观与微观层面的问题。要想科学、系统地解决这些问题,必须不断加强职业教育的科学研究。

由于职业教育的复杂性和综合性,职业教育研究并不局限在一两个学科,而是涉及范围广泛的多个学科领域。职业教育研究已成为"一组学科或研究领域"的组合,它们既有回顾性的又有展望性的:前者如职业教育史、职业教育原理和比较职业教育学研究等,后者的应用性较强,如职业资格研究(亦称胜任特征研究)、职业教育课程与教学论以及劳动市场和就业研究等。

从国际职业教育研究角度看,由于职业教育与所在国家的社会、政治、经济和技术状况的联系极为密切,各国职业教育研究的重点和方式方法也不尽相同。如澳大利亚把教育作为一个产业发展,因此主要从实用主义角度研究职业教育的经济效益问题;作为典型的社会市场经济国家,德国和法国除了实用主义的实证研究外,还开展了很多基础性的研究,如职业教育与普通教育的等值性问题以及职业教育哲学和教育技术方面的研究;美国的职业教育研究多数受到联邦政府的委托和资助,比较关注社会发展与职业教育的关系。一般来说,国际组织(如 OECD、ILO、UNESCO)和国家联盟(如欧盟)的研究比较关注跨区域的宏观性问题和普遍性问题,如现代学徒制的建立、劳动力的流动性、职业教育质量比较和职业资格互认等。

从微观层面上看,当前职业教育研究涉猎的领域有扩大和深入的趋势,如从教育学角度研究职业教育制度的发展和完善、职业教育的课程与教学、职业教育教师的专门化发展(professionalization)等;从经济学和人力资本理论角度研究职业教育对经济增长的贡献和需求供给关系等;从社会学角度研究职业教育的社会功能、职业教育与社会组织的关系等;从劳动科学角度研究职业教育与就业政策、劳动报酬和职业流动等;从技术和工作角度研究职业的典型工作任务、职业资格、职业工作过程的分析、评价和设计等；从可持续发展角度研究职业教育与环境、资源的关系。理论研究的跨学科发展正深刻地影响着职业教育研究的发展与走向。

与欧洲近百年的职业教育研究历史相比，我国职业教育研究起步较晚，尽管已经初步形成了具有中国特色的理论框架，但职业教育学科体系基本上照搬已经引起非议的教育学现有体系，对自身特殊逻辑结构研究尚不深入，许多研究仍停留在经验总结阶段，缺乏足够的理论基础，因而影响了对职业教育现象的解释力。然而与普通教育相比，我国职业教育研究也有先天的优势。在当前跨学科行动的大科学研究时代，高水平的研究常常是在对其他学科的研究进行比较、迁移、聚合和加工改造的基础上进行的，而这又恰恰是我国职业教育研究的优势所在。

在职业教育研究的初始阶段，人们通常借鉴相关领域的概念和研究方法，建立自己的概念和方法。职业教育研究方法不仅是具体的方法和技术手段的运用，而且还有其基本的认识论和方法论基础，这与我们的世界观以及建构世界的方式有密切的联系。作为职教研究工作者，需要对研究方法进行反思和总结，这不但可以积累经验和提高研究水平，而且可以增进对自己和职教研究本身的认识，使研究活动上升为一种自觉的理性行为。对研究方法进行反思，并不是去辨别方法的"正确"与"错误"，而是依据研究问题和研究过程的相关因素，去选择"适合"的方法。

社会实证研究方法是职业教育研究普遍使用的方法。如果使用社会学研究方法，针对的研究目标也应当具有社会性特征，如技术发展应当被看作是一种社会过程，技术的学习也是一个社会过程，这一观点不但对职业教育体系的设计和完善，而且对职业教育课程与教学设计都有重要的指导意义。正如对于历史学家来说历史资料（原始数据）不会自己解释自己一样，在职教研究中也不存在着这样的数据。数据是需要解释的。职业教育研究的首要任务不是去创造真理，而是达到解释的"真实"。

关于人文社会科学的研究方法，一般认为主要有"思辨"和"实证"两大类。我国传统上比较注重思辨，而西方则更倾向于实证。清代桐城派代表学者姚鼎认为："天下学问之事，有义理、文章、考证三者之分，异趋而同为不可废。"其中，义理即思辨，而考证指实证研究。最理想的方法是将这三者集于一身，然而事实上却很难做到，即使桐城派的真正成就也仅表现在辞章方面。

按照国学大师季羡林的说法，义理是一种比较玄乎的研究方法：公说公有理，婆说婆有理。[①] 既可以满篇教条，也可以用行政命令代替义理，今天这样说，明天那样说，最终让读者丈二和尚摸不着头脑。反正社会科学理论不像自然科学实验那样，乱说不会立即受到惩罚。说错了，第二天一改，脸也用不着红一红。因此，连季先生都有些"敬鬼神而远之"。当然，这并不是说义理是错误的方法，而是说明义理的复杂程度。考证（考据）的精

---

① 季羡林.季羡林谈读书治学[M].北京：当代中国出版社，2006

髓是无证不信。只要提出一点点新看法,就必须先有新假设。假设不是结论,不管多么新,在证实之前,都不能算数。"大胆地假设,小心地求证。"研究任何问题,都要有竭泽而渔的气概,必须尽可能地掌握全部资料,才能抽绎出理论性的结论。①

职业教育研究是一个收集、加工和解释职业教育数据的过程,每一步都必须关注"数据的合法性",否则一旦某个数据不准确,整个结论就不保险了。具有可靠性、有效性和代表性的数据是高质量科学研究的基础,在此基础上进行的合理解释就是科研成果。科研成果是一个系统化研究程序的自然结果,与研究过程相比,在篇幅上可能只占很小的一部分。而那些缺乏实证基础的鸿篇推理,不论语言多么华丽,最终可能也只停留在"畅想"的阶段。

西方著名社会研究方法学者美林(P. Mayring)在谈到如何保证研究质量时提到了实证研究的 6 项标准,即:①记录研究的方法和程序;②理由充分和有质量保障的数据解释;③遵循既定规则;④接近研究对象;⑤有效的交流;⑥多种因素相互制约性②。这与季羡林先生"具有中国特色"的总结有异曲同工之处:"从极平常的一点切入,逐步深入,分析细致入微,如拨春笋,层层剥落,越剥越接近问题的核心,最后画龙点睛,一笔点出关键,也就是结论"。采用科学研究方法的目的,是为了客观的判断,这里应当处理好三个基础性问题:①适应性,即方法适应确定的研究目标;②均衡性,即在定性法和定量法之间确定一种均衡的方式,并处理好它们之间的关系;③重视判据,即对调查数据的合理解释。

职业教育研究不是纯粹的科学研究,它在很大程度上受到管理体制和社会政治的影响;职业教育研究方法也是"准科学"的方法,它常常受到教育等政策的影响;职业教育研究成果经常也不是纯粹的科研成果,而是各相关利益集团博弈的结果。在实践中,职业教育研究成果常常只有在被职教实践认可之后,才得到相关管理部门的回应。因此,职业教育的研究过程不仅是一个科学研究过程,更是一个教育实践过程。

基于以上认识,我们将国内外职业教育研究和实践的最新成果结集出版,建立了这套系列丛书,以期为职业教育的"科学研究"与"理性实践"提供一个高水平的对话的平台。我们期盼着当代职业教育研究不断走向繁荣、职业教育实践取得更加丰硕的成果。

北京师范大学职业与成人教育研究所
2010 年 2 月 20 日,北京

---

① 季羡林.季羡林谈读书治学[M].北京:当代中国出版社,2006
② Mayrin,P. Einführung in die qualitative Sozialforschung. Eine Anleitung zu qualitativem Denken. München,1990

本书出版说明

进入21世纪,中国职业教育的规模空前扩大,但是很多深层次的问题仍然没有得到有效的解决,其中最突出的就是人才培养质量问题。2014年国务院颁布的《关于加快发展现代职业教育的决定》以一整章篇幅谈"提高人才培养质量"问题,提出了"推进人才培养模式创新"等多项要求,广大职业院校教师也在教学方法、手段改革方面进行了大量有益的探索。目前,"工学结合""行知合一"以及"教、学、做一体化"等建立在"行动学习理论"基础上的教学特征已经被普遍接受,作为经典的基础性行动导向的教学方法——项目教学法,也被职业教育界所广泛认识,但是行动导向教学理论的研究却没有得到相应的发展。事实上,很多教学改革不够成功的重要原因是对相关理论指导的忽视,教育教学改革实践中普遍存在着"学术无知"(academic ignorance)的现象,即方法论研究、技术工具和实证分析对教育实践的影响十分有限。

行动导向教学是起源于德国改革教育学派的教学理论和实践,其基本内涵是:学生通过动脑和动手相结合,实现主动和全面的学习。行动导向是马克思主义辩证思想在教育教学理论中的集中反映,其最早可以追溯到罗马16世纪圣路卡艺术与建筑学院的项目教学。进入20世纪后期,职业行动能力(以下简称职业能力)逐渐成为现代职业教育的重要目标,行动导向教学也在职业教育实践中"获得了新生",其重要标志是20世纪80年代以来世界范围内进行的以项目教学代替学科性灌输式教学的课程和教学改革。

本书对行动导向教学理论及其相关教学方法进行了比较全面的阐述,全书涉及四个方面的内容:一,行动导向教学的基本概念;二,职业行动能力;三,行动导向的教学方法;四,行动导向教学中的传统教学方法。这些内容既反映了国际职业教育研究的新进展,也是职业教育教师教学经验的总结。

本书除了介绍最近的科研成果外,还汇集了两位作者多年来在北京师范大学和德国慕尼黑工业大学的教学工作中用的材料,很多是作者的工作笔记内容和研讨班(seminar)讨论的结果。一些资料经过多次使用、修改、补充和删节，现在已经无法完全找出其准确的原始文献出处，尽管我们在书后参考文献部分尽量列出，但仍然可能会有遗漏，特别是很难再准确地标记出原文的页码，在此谨向原作者表示衷心的感谢和深深的歉意。为了方便读者查找参考文献，本文引用的外国人名都注明了原文。由于外文文献多为德语，本书参考文献西文部分直接采用了德文格式。

感谢陈俊兰、黄方慧、巩婕等在资料整理中为本书出版做出的重要贡献。书中的不足和错误之处，还请广大读者不吝赐教。

北京师范大学　赵志群
慕尼黑工业大学　海尔伯特·罗什(Herbert Rösch)
2015年10月，北京/慕尼黑

目录

第一章 行动导向教学的基本概念 …………………………… 1

 一、行动 ……………………………………………………… 2
  (一) 行动的概念 ………………………………………… 3
  (二) 行动模型 …………………………………………… 6
 二、行动导向教学 …………………………………………… 9
  (一) 行动导向教学的定义 ……………………………… 9
  (二) 行动导向教学的相关理论 ………………………… 12
  (三) 行动导向教学的基本特征 ………………………… 17

第二章 职业行动能力 ……………………………………… 25

 一、能力与职业能力 ………………………………………… 25
  (一) 能力的概念 ………………………………………… 25
  (二) 职业能力 …………………………………………… 31
  (三) 与职业能力相关的重要概念 ……………………… 35
  (四) 跨职业的能力 ……………………………………… 39
 二、职业行动能力及其相关讨论 …………………………… 43
  (一) 专业能力 …………………………………………… 44
  (二) 方法能力 …………………………………………… 49
  (三) 社会能力 …………………………………………… 51
  (四) 个性能力等其他方面的能力 ……………………… 53

第三章 行动导向的教学方法 ……………………………… 56

 一、项目教学法 ……………………………………………… 56
  (一) 项目教学法的概念 ………………………………… 57
  (二) 项目教学法的步骤 ………………………………… 60
  (三) 采用项目教学法的条件 …………………………… 63

二、引导课文教学法 …… 64
（一）引导课文教学法的概念 …… 64
（二）采用引导课文教学法的意义 …… 66
（三）引导课文教学法的步骤 …… 66
（四）采用引导课文教学法的条件 …… 69

三、角色扮演教学法 …… 69
（一）角色扮演法的概念 …… 69
（二）角色扮演法的特点 …… 70
（三）角色扮演法的目标 …… 72
（四）角色扮演法的形式 …… 73

四、表演教学法 …… 79
（一）表演教学法概述 …… 79
（二）表演法的步骤 …… 80
（三）表演法的目标 …… 82
（四）表演法的要求 …… 83

五、案例分析教学法 …… 84
（一）案例分析教学法概述 …… 84
（二）案例的选择 …… 85
（三）案例分析教学法的特征 …… 86
（四）案例分析教学法的步骤 …… 86
（五）案例分析教学法的目标 …… 87
（六）采用案例分析教学法的要求 …… 88

六、技术实验教学法 …… 89
（一）技术实验法概述 …… 89
（二）技术实验法的特点 …… 91
（三）技术实验法的分类 …… 94
（四）技术实验法的步骤 …… 96
（五）技术实验教学法的目标 …… 97

七、行动导向教学中的常用工具和手段 …… 100
（一）头脑风暴 …… 100
（二）思维导图 …… 102
（三）张贴板和翻转板 …… 105
（四）分散式岗位学习 …… 107

第四章　行动导向教学中的传统教学方法 …………………………………… 111

　一、传统的课堂教学 ………………………………………………………… 111

　　（一）传统教学方法的特点 …………………………………………… 111

　　（二）传统的教学方法 ………………………………………………… 113

　　（三）采用传统教学方法可实现的目标 ……………………………… 114

　二、传统教学方法在行动导向教学中的应用 …………………………… 118

　　（一）传统教学方法与行动导向教学的整合 ………………………… 118

　　（二）案例：从四阶段教学法到工作行动示范法 …………………… 120

参考文献 ……………………………………………………………………… 130

第一章　行动导向教学的基本概念

进入20世纪后半叶,随着职业教育事业的发展和改革的深入,促进学生职业能力发展已成为职业教育的重要目标,而职业能力只有在实践中才能表现出其真正的意义,因此,促进职业行动能力发展的行动导向教学是职业教育教学研究的中心议题。行动导向教学在教育实践中获得新生的标志,是20世纪80年代以来世界范围内进行的以项目教学代替学科性灌输式教学的课程和教学改革。21世纪初,在我国探索和建立具有职业教育特色的课程和教学体系改革中,行动导向教学获得了职业教育战线理论工作者、管理者和广大师生的认同以及用人单位的广泛欢迎。

行动导向(Handlungsorientierung)学习是起源于德国"改革教育学派"的学习理论,它最早可以追溯到罗马16世纪圣路卡艺术与建筑学院(Accademia di San Luca)的项目教学和德国20世纪初以教育家凯兴斯泰纳(G. Kerschensteiner)为代表的"工作学校"(Arbeitsschule)[①]运动。一般认为,行动导向教学理论与认知学习理论有紧密的联系,它们都是探讨认知结构与个体活动间的关系。不同的是,行动导向教学强调以人为本,认为人是主动、不断优化和自我负责的,能在实现既定目标的过程中进行批判性的自我反省,学习不再是一个外部控制的"黑箱"过程(如行为主义学习理论),而是一个学习者的自我控制过程。本章介绍行动导向教学的一些基本概念。

---

① "工作学校"与"词语学校"和"书本学校"相对应,致力于通过教学中的手工实践操作及脑力劳动来促进学生独立性的认知和行动能力的发展。

一、行动

行动导向教学的重要理论基础是行动研究。长期以来，人们从三个方面对行动进行了深入的探讨，即动作行动、语言行动和行动调节。

动作行动理论把所有可观察到的身体活动都定义为行动，认为人类的行动不仅服务于明确的目标，而且能够借助语言把具体行为的原因清楚地表达出来，其典型代表就是行为主义理论。但是行为主义理论没有把动物的本能行为与人类有目的的行为区别开来，因此对教学活动设计的指导价值是有限的。

语言行动理论认为语言表达和职业行动一样，都是一种行动，一切行动都可用语言来表述和传达；在可用语言表述的世界里，行动的基础是知识，知识的目标是行动，知识的基础是社会交往和理解。由于强调操作—理解—交流之间的相互影响，语言行动理论对教学设计有较大的指导意义。但是由于它没有考虑隐性知识的问题，因此在现代职业教育中，其局限性也是很大的。

行动调节理论介于上述两种行动理论之间，它关注职业行动的智力结构以及职业资格要求的变化，通过对工作活动的观察促进职业认知能力的发展。行动调节理论与前面两种相比已经有很大的进步，但是它仍过于强调工作活动的客观要求，较少考虑教学的外部条件和社会关系，也没有关注学生的心理特征和身体状况，因此也无法独立实现职业教育的"教育性目标"(Eicker 1983；Pahl 1998)。

尽管如此，以上行动理论还是对行动导向教学理论和实践的发展提供了很大支持，如动作行动理论是经典的技能培训方法的基础；语言行动理论把教学活动解释为社会交互行动，不但解释了教学内容与行动之间的关系，也有助于区分工作行动和学习行动；而行动调节理论"基于行动调节层次的工作活动分类法"，对当代职业教育的教学设计提供了重要的基础(姜大源、吴全全等 2008)。但是这三方面理论的本身，还无法构成行动导向教学理论的全部。

（一）行动的概念①

1. 行动的基本含义

行动导向教学的心理学基础可以追溯到两个重要的心理学流派，一是唯物主义心理学的活动（activity）理论，代表人物是加尔珀林（P. Galperin）、里昂切夫（A. Lontjew）和维果茨基（L. S. Wygotski）等；另一个是以皮亚杰（J. Piaget）和埃伯利（H. Aebli）为代表的认知行动理论（Jank，Meyer 1994；Czycholl，Ebner 1995；Bünning 2007）。其中，唯物主义心理学对行动理论的产生和发展产生了决定性的影响。

唯物主义心理学认为：活动是人的生命的表达方式，可以通过生理、自然、历史和社会等方式解释这些活动。行动的基础是反思。人类与环境之间的联系是通过外在的目标与内在的领悟、行动结构、个体能力等相互间的联系建立的，这些又物化为人类的活动。心理活动是将外在的物质活动转化为内在的反思（如知觉、理念和概念等）的结果。唯物主义心理学重视"活动"在形成心理现象中扮演的角色，反思不再是对客体的静态写真，而是对客体变化的独创、感性和动态的领悟（Gudjons 1997）。

里昂切夫建立了一整套相关概念体系。据此，"活动"处于关键地位，是对物质性主体进行整合的生命单元，而不仅仅附属于物质性主体。"活动"的真正功能是对客体世界的主观导向，它不是简单的反应，而是一个自我建构的系统。人的生命是一个整体，是一个能够自我发展、自我交流与迁移的相互替代的活动系统。主体的需求能够激发人的活动。需求可以是物质的，也可以是非物质的，一个需求的满足会引发新的需求的产生，而新的需求往往会建立在不同的条件下。活动会因客体不同而不同。如果客体的活动激起并控制了整个活动，就可以把该目标当作活动的真正动机。没有动机和目的就不存在活动，只有需求才能促使人们采取行动。在里昂切夫的概念系统中，"行动"是"活动"的下位概念，是"活动"的主要部分，它能实现"活动"并使之不盲从于人的"需求"，而服从于一个经过仔细斟酌的目标。"目标"与"行动"的关系与"动机"与"活动"间

---

① 本节很多内容译自 Bünning，F. (2007)：Approaches to Action Learning in Technical and Vocational Education and Training (TVET). Bonn：InWEnt，特此致谢。

的关系类似。

一项活动常常有多个目标,这些目标有明确的顺序,因此活动常常是一项或一系列有相互联系的目标的行动。"行动"是在"活动"被动机激起之后,在行动目标的指导下实现的。一项行动的目标是随机发展的,它们根植于客体所处的情境。在该情境中,确定和理解目标不是一个自动过程,而是通过"行动"和特定的客观情况的一个渐进努力靠拢的过程。清晰地确定目标,意味要明确能够实现目标的条件。目标的内涵很重要,实现目标的条件与过程也同样重要。里昂切夫将行动过程描述为"操作"(operation)。"操作"与"条件"的关系类似"行动"与"目标"间的关系。操作是行动的结果,它通过一项行动包含另一项行动以及它的机械化过程实现,并最终会实现机械化。"操作"与"行动"如同"行动"与"活动"的关系。机器如果没有人的控制就只能"操作",但无法实现人类有目的的"行动"。

2. 行动的结构

人类行动的特征表现在秩序性、心理过程的互动性和目标导向性等方面。按照哈克(W. Hacker)的观点,心理结构是一个根据内容确定的、有条件的秩序结构。因为目标具有调控功能,所以活动表现为一种针对一定内容的、有条件的功能过程(1986)。

针对行动的结构及其所包含的心理过程,哈克指出,任务演化出可变化的条件,完成任务是根据不同条件经历的一个完整的过程。行动的心理过程分五个阶段,即定向(direct)、定位(orientate)、设计(design)、决策(decide)和调控(control)。这个过程不是简单的线性结构过程,而是一个与复杂行动相对应的、相互交织的网状功能群。不存在严格意义上的、线性的行动过程。

(1)定向:指具体活动的发展目标。目标是可预见的行动结果,能激发起个体有指向性的努力。

(2)定位:整合了获取信息的全过程,目的是清晰定义行动情境、实施的可能性以及行动所需要的条件,有时还包括更新对行动具有重要意义的知识。

(3)设计:制定行动路径和选择工具,分三个层次。即:①动作设计或认知惯例设计,它发生在技巧层面而不是意识层面;②行动方案(action schemes)设计,指在不同实际项目中应用的认知惯例和目标导向的动作;③略设计。

（4）决策：决策在整个行动中扮演着关键角色，目标的形成、行动路径的制定和做出决定都与决策有关。决策的基础是至少有两个可供选择的方案。决策分为三种类型，即根据行动者的需求与价值进行的决策、根据行动所需时间进行的决策、根据行动条件进行的决策。

（5）调控：在已有经验基础上，人能够自我调控行动，自我形成行动的目标、收集与行动情境有关的信息，设计行动的多种可能性，并做出其认为正确的决策。人类有一个能够控制行动的内在模型，即行动准则（action regulation）。

关于"行动准则"，哈克等建立了一个"TOTE 模型"来解释，即启动（start）、执行（operate）、尝试（test）和出口（exit），见图 1-1。

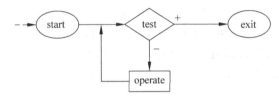

图 1-1　TOTE 单元

（转引自 Bünning 2007,16）

哈克在此基础上又发展出一个开放式的行动模型，即"单元指示变化反馈模型"（德语简称为 VVR），用于解释目标随活动的变化过程。目标作为所追求的最终状态，并没有在行动开始时就被完全固化，而是一个逐渐形成的过程（见图 1-2）。在行动中，目标在不断变化、被修正和清晰化。一系列 VVR 单元交织成网，控制着复杂的行动，它们不仅有前后顺序，而且还有平行维度的意义，即上级单

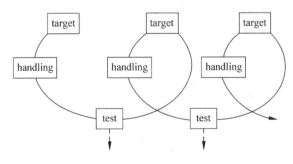

图 1-2　简化的 VVR 单元描述

（转引自 Bünning 2007,17）

元控制下属单元(Hacker 1986)。

近二三十年来,哈克的理论模型以及在此基础上发展起来的完整的行动模式等理论,对职业教育教学理念的发展产生了重要的影响。

(二) 行动模型

要想对行动进行准确地理解和把握,建立科学的"行动模型"非常重要,对此,弗尔佩特和埃伯利的行动模型具有重要的意义,尽管他们还没有建立起完整意义上的、经过实证检验的"模型"。

1. 弗尔佩特行动模型

弗尔佩特(W. Voplert)认为,行动是人类改造其所处的客观世界的行为。行动的起点是目标。我们首先需要确认目标状态,其次要根据当前状态,通过具体的工作过程逐步实现目标。计划与反馈将目标与行动联系在一起。行动者与环境之间的关系在实施过程中的不同阶段有所不同。因此,尽管行动有特定的模型,但是如果人们发现行动过程偏离了既定的目标,可以对行动计划进行修正(Volpert 1999)。

行动有两个重要"极点",一是行动者;二是环境。行动者有理解与实现行动目标的意愿和能力,行动可能发生变化,而不完全受外部控制。环境有自身的规律,并能满足行动者的需求。环境既不能完全被预测,也不会轻易受到行动者的影响。

行动者和环境都有很好的社会基础。为了达到目标,行动者并不完全依赖他所处的、既提供便利也能设置障碍的环境,而是遵循更加复杂的标准。人的行动常常是抽象的,有复杂的结构。行动过程可用图 1-3 表示,它是一个包括目标、计划和反馈的过程。这里的基本假设是:行动者能意识到其达到目标的方式,以及所选择的方案。

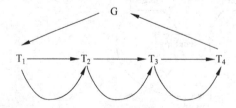

注:G:行动目标;T_n:为达到目标所必须的迁移(transformations)。其中,T_1 为初始迁移,T_2 和 T_3 为中间迁移,T_4 为最终迁移。

图 1-3 循环单元

(转引自 Bünning 2007,19)

弗尔佩特认为,行动具有目的性、社会性、具体性、意识性和反馈性等特征,具体表现特征如下。

每一个行动都有目标,行动者一开始就有目标意识,行动结果是行动者预期的想法。行动的起点是行动者对实现目标的愿望,终点是目标的实现。清晰的目标比实施过程更为重要,实施步骤源于目标。达到同一目标的方式有多种,目标与实现目标的方式之间存在着互动关系。尽管目标决定着实施,但如果没有对实施条件的感知和反馈,拟定目标是没有意义的。

个体的行动总是处于一定的社会背景之中,因为人类活动总是发生在一定的社会关系和社会现实中。社会发展改变了行动的环境和条件,行动者的个人发展经历受到所处环境的影响。引发行动的导火索(如任务)也受到社会与技术条件的影响。在目标的形成过程中,与社会环境的协调非常重要,如在计划、实施与控制等阶段都必须考虑社会关系的影响。

行动的发生与环境有关。工作是人与环境的互动,它既无法在单纯的思维过程中实现,也不能在完全被动的反应过程中实现,而是通过人的变化与干预活动实现的。行动具有具体性特征,这意味着行动始终伴随着具体的结果。组织文化受到组织成员的具体影响。人类的行动不只是个体活动,而且是整个社会关系的一部分。每一项活动都是高层次行动的一个具体部分,但不一定有直接、明确的目标(Volpert 1983)。

马克思曾经把人类深思熟虑、有目的的行动与其他动物的活动区别开来。例如,蜜蜂建造蜂窝的过程的精致程度足以令人类也不禁为之赞叹。但是最蹩脚的建造师与最优秀的蜜蜂之间的差别是:"建筑师在建造房屋之前,在对象化的活动之前,是自己有意识的自己选择尺度"(马克思 2000,135),即人在施工之前已经在脑海中构思好了建筑物,即工作过程的最后成果一开始就存在于人的脑海中,这就是意识性。有目的而无意识的行动不仅在人类社会中存在,也存在于组织和技术系统中。如果行动者能解释目标,说明他是有意识的。但并不是每一个行动都必须有目标,一些行动能够自动执行而不必经过上述精神认知过程。因此,行动不一定是有意识的,但可以是有意识的。

只有对行动结果进行反馈,并与"预期"的结果进行比较后,才能知道有目的的行动是否恰当。反馈由两部分构成,即"比较"和"修正"。比较用来检验行动者是否达到了目标,修正的目的是检验在多大程度上实现了目标。如果存在差别,活动就必须继续下去。行动者通过对目标的反馈来检验成果。比较与修正的过程相互联系。比较不仅发生在活动结束的阶段,而且也发生在活动进行过程当中。行动者为了调控进一步的活动,必须在工作过程中检验他的目标(Volpert 1983)。

2. 埃伯利行动模型

埃伯利(H. Aebli)是行动研究的另一位重要学者。他根据个体高层次的意识性与目的性因素,将行动与人类的其他活动区分开来。据此,行动是具有高度的意识性和目的性的行动领域(areas of action),应从"目的性行为"的意义上理解"做"的实质。当意识性和目的成为关注的焦点时,行动过程就不是独立的了,而与思维和感知联系在一起(Aebli 1993)。

行动与思维具有一种绝对的联系,思维始终伴随着行动出现。行动分为"实践行动"与"口头行动"。埃伯利重视人类用言语方式描述实践行动的能力,认为思维与言语表达是内部行动(inner acting)。在此,"操作"(operation)具有重要的意义。操作是一种有效的、可想象的并能转化成信号系统的内部行动。在实施操作时,行动者将其注意力集中在外表结构中。换而言之,操作是一种抽象的行动(Aebli 1990)。可以看出,埃伯利这里对"操作"的理解与哈克和弗尔佩特是完全不同的。

埃伯利强调思考与行动的联系,强调对行动内容的分析和理解,因为思考与感知是无法分割的。他认为:行动需要特定的条件,感知就是其中最基本的一个。"没有感知就没有行动",感知对行动的各个阶段都产生着重要的影响,这表现在以下几个方面。

> ➢ 在行动前:感知是行动过程的开始。在此阶段,行动者分析现实情境、行动条件和行动地点,回答的问题是:在哪儿可以找到必需的要素?从哪儿开始行动?
> ➢ 在行动中:感知控制着行动。在这一阶段回答以下定量和定性问题:行动过程需要多少投入?需要重复多少次?或者,各要素之间是否存在一个最佳解决方案?
> ➢ 在行动后:这时行动者处于感知的最后阶段,其特点是"把握住自己的工作"。行动者认识并评价自己的工作。行动

过程完成后,结果也就随之产生了。因为行动者知道自己的行动目标,所以能够、也应当仔细检验和评价行动过程和结果。

在很多情况下,个体行动会转化为一种社会行动。这时,行动者是负责整个活动还是仅仅作为一个参与者并不重要,重要的是他必须理解组织的行动目标和个体条件,因此社会行动与具有特定目的的个体行动是一致的。

二、行动导向教学

(一)行动导向教学的定义

行动导向教学,是用"完整的行动模式",即学生以小组的形式独立制订工作和学习计划、实施计划并进行评价,替代按照外部规定完成给定任务的"部分行动"模式进行学习。教师通过设计开发合适的教学项目(学习任务)、通过多种辅助手段(如引导课文)帮助学生独立获得必需的知识并构建自己的知识体系。完整的行动模式有两个特点:一是行动过程结构的完整性,即行动者独立制订计划、实施计划和评价反馈,并在可能的情况下改进自己的行动;二是行动要素的全面性,即职业行动是跨领域、跨学科的,包含技术、经济、生态和法律等多种要素。

按照行动导向教学理论,应根据完成某一职业工作活动所需要的行动、行动产生和维持所需要的环境条件,以及职业人员的内在调节机制等,来设计、实施和评价职业教育的教学活动。学科知识的系统性和完整性不再是判断职业教育教学是否有效、是否适当的标准。行动导向教学通过有目的地、系统化地组织学习者在实际或模拟的专业环境中,参与设计、实施、检查和评价职业活动的全过程,通过学习者发现、探讨和解决职业活动中出现的问题,体验并反思学习行动的过程,最终获得完成相关职业活动所需要的能力。行动导向教学的目的是促进学习者的职业能力发展,其核心是行动过程与学习过程相统一。

在行动导向教学理论中,"行动"不是日常生活中的活动或劳动,而是为达到给定或自己设定目标的有意识行为。在行动导向教学中,学习者能从多种可能性中选择行动方式。在行动前,他能对

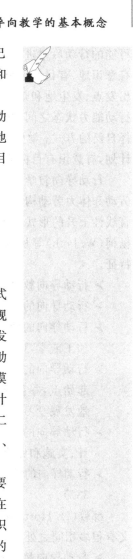

可能的行动后果进行预测,通过"有计划的行动",学习者个人可以有意识地、有目标地影响环境。在行动导向教学中,行动是学习的出发点、发生地和归属目标,学习是连接现有行动能力状态和目标行动能力状态之间的过程;学生可以从多种可能的行动方式中选择自己的方式;学生在行动前能对行动的可能结果做出预测,通过计划,有意识有目标地去影响行动结果。

行动导向教学是一种整体化的、主动的学习方式。在此,脑力劳动和体力劳动构成一种平衡关系:动手和动脑活动之间不是以直线性上升的形式发展,而是动态交互,影响伴随着整个学习过程。杨柯(W.Jank)等从六个方面概括了学校教育中行动导向教学的特征。

> 行动导向教学是全面的。
> 行动导向的教学是学生主动的学习活动。
> 行动导向的学习核心是完成一个可以使用、或者可进一步加工或学习的行动结果。
> 行动导向的学习应尽可能地以学生的兴趣作为组织教学的起始点,并且创造机会让学生接触新的题目和问题,以不断地发展学习的兴趣。
> 行动导向的学习要求学生从一开始就参与到教学过程的设计、实施和评价之中。
> 行动导向的学习有助于促进学校的开放(Jank,Meyer 1991,337)。

郝敕(H. Hortsch)也对行动导向教学的特点做了总结,这与上文有很多相同之处,包括以下几方面。

> 行动导向教学不是一种教学方法,而是一种教学设计的理念,它根据机构与组织自身的条件对各种可能的设计保持开放。
> 学习者(作为行动的个体)处于学习的中心,他在很大程度上可以自己决定学习过程,并积极主动的组织与反思学习过程。
> 学习过程具有自我决定的特征,教师让出主导的角色,其责任是发起学习行动。
> "自我控制"的学习是行动导向的一个特征。
> 建立在行动理论基础上的学习过程设计,需要不断开发学

习条件。
- 职业行动能力发展的目标包括专业能力、方法能力与社会能力。
- 学习者的行动包括两个层面：有组织的学习过程中的行动，和与有组织学习过程无关的、在工作与日常生活中发生的行动。
- 学习过程的目标包括认知、情感与心理的同时发展，个体与团体学习活动相互补充，学习目标应尽量具体和容易被感知。
- 学习过程设计以人的完整的行动结构为导向。
- 行动导向遵循自己的内在逻辑，因此不是按照学科结构而是跨学科的。
- 案例式学习取代了肤浅的结构化的学习。
- 创设积极的结构与组织背景，为学习者提供回旋的空间，从而能更灵活地工作(Hortsch 2006)。

行动导向教学理论将认知学习过程与职业行动结合在一起，将学习者个体活动和学习过程与适合外界要求的"行动空间"结合起来，扩展了学习者的行动空间，提高了个体行动的"角色能力"，对创新意识和解决问题能力的发展具有极大的促进作用。希尔顿(A. Schelten)还从教学内容方面对行动导向教学进行了归纳，即"多为结构复杂的综合性问题，与职业实践或日常生活有关，具有工作过程的系统性特征，有一定的实际应用价值，可促进跨学科地学习"，他还强调教师是学习过程的组织者和专业对话伙伴，应习惯学生独立学习的工作方式(1995)。

在行动导向教学中，"计划性"和"解决问题"具有重要的意义。要想达到学习目标，必须扫除一定的学习障碍，这里，有针对性地解决问题是关键，其基础是具备相应知识基础和实用的战略。行动导向教学的目的是有目的扩大和改善个体活动模式，其关键是学习者的主动性和自我负责，即学习者在很大程度上对学习过程进行自我管理。行动导向强调学习者对学习过程的批评和反馈，评价的重点是获取加工信息和解决问题的方法，包括自我评价和外部评价。

学术界对行动导向教学的具体含义有多种观点和很多(尚不严密的)论述，对此巴德(R. Bader)等总结出了以下七种理解方式。
- 企业内的行动导向的培训指的是"完整的行动"，是对职业工作的独立计划、实施及控制与评价。
- 学校课程中的行动导向教学,是通过对事实和问题的学习,使学习者拥有满足可预见的将来需要的经验。
- 行动导向作为一个完整的学习理论,有严谨的心理学基础,如认知心理学和行动调节理论等,并将两者进行了很好地结合。
- 作为学习过程的组织形式,在行动导向教学中,学习者至少是积极地"做",甚至可能通过独立行动变成主动者,而不仅是理解别人的行动。
- 作为一种学习方式,行动导向教学是通过具体的行动实现的,由于强调深入理解,行动的结果不是固定的,而是开放的。
- 行动导向作为教学过程设计的基础,目的是培养学生的行动能力,使其有能力针对目标、根据变化的情境确定和完善行动计划。
- 行动导向是课程开发的理论基础(Bader, Schäfer 1998)。

(二)行动导向教学的相关理论

行动导向学习理论揭示了工作行动与知识学习之间的关系,即如何使学生在参与工作活动的过程中既能合乎要求地完成工作任务,又能实现获取知识和改变与丰富行为模式的学习目的。行动是旨在改变行为模式的活动。

1. 行动导向教学的理论基础

无论是从心理学视角,还是从教学论视角看,行动导向教学在现代教育中都有重要的意义。顾俊斯(H. Gudjons)在对行动导向教学理论进行评价时,认为行动导向的教与学是对当代教学模式发生的巨大变化的"迟来的回应"。他从"社会化理论""人类学和学习心理学"以及"教学论—教学法"等层面论证对教育进行行动设计的必要性(Gudjons 1997)。

(1) 社会化理论

顾俊斯根据社会化理论解释行动导向教学设计的社会学背景,特别针对人口发展和数字媒体广泛使用所造成的影响。他认为,在真实的世界和学生的意识之间存在着一种经验隔阂,因此学生常常表现出社会经验和工作经验不足的缺陷。然而不论他们的能力是高还是低,他们都将在未来的政府部门、企业与军队中承担重要责任。因此,有必要把这种充满矛盾的现实展现给学生,并在教学设计中引入课外世界所存在的不可控因素,从而帮助学生获得必要的知识和经验。

杨柯等把这种需求描述为"教学减速"(deceleration)。通过这种方式,可以设计和开发出一种与传统学校教育迥然不同的学校生活,学生和教师都可以从中获得必要的经验,并把由此获得的行动能力运用到通常被学校忽视的情境中去(Jank,Meyer 1994)。如果没有行动导向教学,学校作为一个真正的学习场所的合法性就会存在问题。新媒体的广泛使用,(部分)代替了教师的工作,因此学校只有通过感官(sensuality)、体验、活动和行动等多种方式发展学生的认知能力,才保持其原有的重要地位。当然,这里并不是说排斥现代信息技术和新媒体的应用,而是应当将其整合在整个学习过程中。

(2) 人类学和学习心理学理论

按照人类学和学习心理学理论,学习是人与环境的辩证关系的互动结果,意识来源于实践活动,并作为一种准则对实践活动产生影响。教育不仅仅是对知识的加工过程,而且还是有目的的、积极的活动和行动。

行动导向教学与后来发展起来的建构主义学习理论是一致的。按照建构主义理论,知识不是对现实纯粹的客观反映,而是个体与外部环境交互作用的结果,需要学习者根据具体情境通过行动去建构。学习不是简单的"信息输入—存储—输出"过程,而是学习者根据先前的知识背景,有选择地主动建构知识、生成意义。据此,学习有三个特点:①学习是学生对新知识的主动建构;②学习是学生对新知识的有意义的建构;③学习是学生在社会性活动中自主完成有意义地建构外来客观结构的过程。学习者在知识的建构过程中,必须与他人磋商、调整和修改,它受到社会文化的影响。人类的知识是对外部世界的反映,因此只有行动(如观察和实验)才是获得知识的可靠途径。

(3) 教学论与教学法研究

当代教学论和教学法研究对教学设计提出了新的要求。按照杜威实用主义知识观和教育理论,知识是行动的知识,是实践的知识,是不断变化和进步中的知识。知识的价值在于引起有益的行动结果,知识是行动的过程和行动的结果,探究和反思都处于行动的过程中,获得知识必须通过人的行动,因此按照杜威(J. Dewey)的说法,求知即行动(To know is to do)。这样,学习内容的系统性和完整性不再是努力追求的目标。与教学目标、教学内容和教学有关的开放性的案例教学,代替了所谓的"系统化"教学。知识、思想和观念都是工具,是用来有目的地改善个体和社会生活、促进进步的工具,学生的兴趣与经验成为教学设计必须考虑的因素。在此,必须充分考虑教师的意愿和教学管理制度等前提条件,如跨学科的教学安排、作息时间以及教师间的合作等(杜威 2014)。

尽管以上观点并不只是针对职业教育的,但是这些观点完全适用于职业教育。在职业教育中,行动能力主要指的是职业行动能力,行动过程则常常以"工作过程"的方式出现。为了实现发展职业行动能力这一职业教育的最重要的目标,必须采用行动导向的教学方法和教学安排(arrangement)。

(4) 行动—经验学习理论

按照"行动—经验学习"理论,学习过程是学生的行动和经历过程。学生通过思维活动,将新旧经验结合起来,构建新的认知结构和行为模式,形成新的经验,从而实现职业能力的发展。行动是指"有目标指向的、其内部构成可以理解的、并能够制造出具体结果的操作过程"(Aebli 1985,182)。行动是学习过程的起始点和组成部分,成功的学习会导致新的行动,因此行动也是学习过程的终点。行动与思维是不可分开的:一方面,思维来自行动并与行动一起发展;另一方面,思维本身也有引导行动和调节行动的作用(Pampus 1987)。通过学习情境中的行动来学习,和为了真实情境中的行动而学习,是行动导向学习的两个基本原则(刘邦祥,吴全全 2007)。

2. 行动学习的结构

埃伯利认为,行动是为得到一个具体结果的有目的的实施过程,分为行动过程(courses)和行动方案(schemes)。其中,行动方案对教学设计非常重要,它作为一个整体,是存储在人的记忆中、能够被重新激活并被应用于新的行动过程的要素。行动方案构成行动知识及相应的行动记忆,它只能作为一个整体单元被存储,但是可以重现,也能够应用于新的情境(Aebli 1990)。

行动方案可以是一个在实践中实施了的行动的结果,也可以是一个理论假设,因此行动并不一定在实践中付诸实施。有效的行动是针对具体对象实施的,而单纯的行动设想不需要真实的客观性支持。这时,学习者不仅要想象出行动过程,而且还必须想象出行动对象。冥想中的行动对象无疑给学习者造成了额外的困难。在真实对象上的行动感知能够显示学习者的行动是否正确,如建筑物倒塌或者行动的终止。但是假想中的或精神上的行动,却不能显示出错误。因此"思维性实验"必须经过实践行动的检验。

针对行动过程,埃伯利提出了一个四阶段行动教学结构模型,并据此解释了很多行动学习的案例,如英语课的新闻写作和自然课的植物栽培等。尽管内容不同,但其实施过程却有着相同的结构,可总结为以下四个步骤。

(1) 提出问题。行动学习的起点是问题,它激发起思维过程并导向某一特定学习目标。认识与解决问题的基础是个体的能力和经验。问题对激发学生的兴趣具有重要的意义,它能促使学习者解决问题并维持较强的学习动机。

(2) 计划行动。通过问题激发起思维过程,并将思维引向一个特定的方向,这就激发起了行动。针对行动的计划,埃伯利的建议是:将目标分类与合理化,并给出理由;评价起点;决定个体实施的步骤;评价计划。

(3) 实施行动。埃伯利对实施阶段的建议是:更加准确地陈述建议并给出理由;全班进行评价;由一个学生或者教师先实施;对结果进行联合评价。所有学习者都应参与到行动过程中,尽管简单的任务有时只需要一个学习者。教师扮演着观察者或参与者的角色。尽管教师知道所有行动过程的重要步骤,但他允许学习者自由进行"试验",通过开放的问题为学习者提供支持。

(4) 内化行动。行动内化分三个步骤:①回顾所选择的行动路径,即学习者在工作完成后端详最终产品,并在大脑里总结行动过程;②书面记录最重要的行动步骤,即学生对行动过程进行口头陈述,收集并记录下来;③在没有任何辅助材料的情况下,对行动过程进行口头描述。在内化过程中,学习者不仅理解了自己的行动,而且也理解了他人的行动。通过对大家共同对行动步骤进行描述,学习者能够理解和实施以前不能完成的任务(Aebli 1990)。

阿诺尔德(R. Arnold)等将行动导向的教学过程划分为"接受

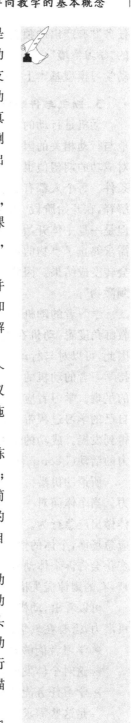

任务""有产出的独立工作""展示成果"和"总结谈话"四个必须经历的"学习情境"(Arnold,Lipsmeier,Ott 1998,31),这与埃伯利的行动学习模型基本上是一致的。

3. 动机与行动导向教学

动机是行动的发动者,并形成行动的目标,它决定着目标及其他与行动相关的因素,如对行动成功的可能性的评价。此外,动机对成功的期望值也产生着很大的影响,因此动机是人类行动的前提条件。每个人都有需求,这些需求是动机的根源。按照里昂切夫的解释,在开始阶段,需求的作用只是活动形成的一种条件或前提。但是一旦主体开始行动后,需求的转型(transformation)就发生了。需求终止了事物的过去状态。活动发展越深入,越多的前提条件就会转变成结果。因此,需求与动机在行动中是转型过程中"活动的刺激物"。

学习者的动机对行动导向教学理论产生了决定性的影响。从教师角度看,动机在狭义上指的是目标,而在广义上是一种方式。因此,可以对与行动导向教学与动机相关的影响因素总结如下:维持学习者的动机的一个重要前提,是对学习目标的综合性、分阶段的呈现。学习者应发展出一种有关学习内容的想法或方案,他们给自己的学习过程带来各种独特的动机。因此,动机在教育过程中也得到发展。成功的学习过程的前提,是完整的、能提供某种动机潜力的活动(Leontjew 1979)。

所谓动机潜力,是在具有挑战性的环境下表现出的行为变化能力。当个体面对一个危险情境时,动机潜力就会发生作用,促使个体做出应急行为。可以通过分析情绪对动机潜力进行分析。面对应急场面,个体的情绪会发生生理、经验和行为三方面的变化,这些变化会告诉个体动机潜力的方向和强度。面临危险,有的人头脑清晰,有的则惊慌失措。这些情绪指标反映了动机潜能的个体差异。

可以看出,动机潜力对职业成熟具有重要的意义。为了发展动机潜力,需要在教学设计中做到以下几点。

> 学习者能够自己获得学习活动所需要的内容与可能方案,这对个体发展具有重要的意义。

> 学习任务能够激起学习者对知识与能力的需求,也能够满足这些需求。

➢ 个体通过努力可以完成学习任务,并同时支持学习者的理解程度与发现。
➢ 开发具有多阶段的学习项目,这些阶段按照其内容建立了一个对知识与能力的需求链,即需求等级。学习者能够在学习项目中满足自身对知识与能力的需求(同上)。

工作是动机形成的另外一个重要因素,它能为多数人提供动机潜力,并且在职业教育中被系统性地工具化。工作过程中的活动内容与相关要求也可能激发动机。与那些在细节上被严格规范的枯燥而程序化的活动相比,形式多样、具有较大活动余地的活动,自我决策的意愿和责任感等,可以激发学习者付出更多的努力。哈克认为,能够激发高度动机潜力的活动有以下特征。

➢ 需求的多样性。
➢ 活动具有重要意义,并能对他人产生影响。
➢ 在完整的工作过程中有意义的工作任务或任务群。
➢ 有独立决策的可能性。
➢ 其他人对自己的活动做出回应。
➢ 有合作与交流的可能性。

这样,产生动机的缘由可分为两组:①需求的变化与多样性,包括智力要求;②实现独立目标和自由活动空间的需要,这些目标与活动过程有关,有独立决策、策划活动的可能性并承担责任。产生动机的前提是工作情境的透明化,以及对需求的预见(Hacker, Skell 1993)。

动机理论为行动导向教学提供了重要的理论基础。据此,在职业教育中开展行动导向的学习,可以实现很多教育性目标,如提高工作的积极性和热情,提供合作学习(和工作)的可能;为独立度确定目标、在多种方案基础上制定决策以及学会承担责任提供可能;培养制订学习计划的能力;得到可以经得住检验的,或者可以进行修正完善的活动结果;提供学习的机会,通过学习实现从技能培训到综合能力发展的过渡。

(三)行动导向教学的基本特征

现代职业教育的培养目标是综合职业能力和人的全面发展。要想实现这一目标,需要采用与之相应的教学方式,特别是要让学生通过开放式的认识、思维和工作,在自我控制和合作式的学习环境中，构建解决问题的方案。作为典型的以学生为中心的教学方式，行动导向教学强调学生的个性化要求和整体性发展，重视合作学习与多种学习方式的综合运用，这恰好满足了以上要求。行动导向教学有两个基本特征，即任务引领和跨学科性。

1. 任务引领

"任务引领"是行动导向教学最基本的形式，也是行动导向最基本的特点。职业教育中最早的任务引领学习，是手工业学徒培训中师傅利用客户订单任务，让学徒通过完成订单进行学习。按照客户订单任务的要求组织的学习，可以利用"蕴藏在客户订单中的教和学的潜力"，为学习者提供一个完整的、在行动过程中通过实践进行学习的机会。学习者在完整的行动过程中体会相互联系的、整体化的工作过程，从而实现职业学习与工作过程的统一。

任务引领教学的发展心理学基础是发展性任务（developmatal task）理论。心理学家郝维斯（R. J. Havighurst）发现，随着生命的发展进程，个体必须在不同阶段完成特定的任务，他将其命名为"发展性任务"。每个阶段的发展性任务受到来自生物内部（如身体成熟）、心理（如生活的愿望）和社会文化（如文化期望）的影响。完成发展性任务后，将会获得幸福和成功，并为完成今后的任务奠定基础；若不能完成发展任务，人就不会感到幸福，在完成将来的任务中也会遇到困难，且得不到社会的认可（1972）。

在教学实践中，并不是所有的工作任务都适合作为学习任务，也不是针对所有学习内容都恰好有真实的工作任务，因此教师经常要设计一些模拟工作任务，即学习性工作任务。如为了培养与顾客进行有效沟通的能力，可以设计复杂的商业谈判任务。在教学设计中，教师需要通过对重要的任务和工作步骤进行分析，确定学习目标、学习内容以及相关的重点和难点。并不是完成每一个真实的订单任务都意味着学习。能够促进学习者能力发展的、可以作为学习性任务的工作任务应满足一定的要求，如：

> 能够反映该职业的典型工作任务的要求；
> 对本专业（职业）的职业实践具有重要的意义；
> 任务要求与学习者的专业水平相适应，完成此任务需要特定的专业能力；
> 完成此任务能够获得课程标准（或教学计划）中所要求的

能力；
> 具有完整的行动过程，有一定的复杂性，存在特定的问题（Jenewein u. a. 2004）。

这些任务就是"职业的发展性任务"，即典型工作任务（professional task）。这里，前四条标准是职业资格和课程开发方面的要求，即保证学习任务的"合法性"；第五条标准强调了对"行动"概念的准确理解。

真实工作任务学习是在职业实践中完成的，在此客户的利益永远都是第一位的。只有满足了客户的要求，任务学习才算完成。但是在教学实践中，多数学习任务是虚拟的。由于模拟学习任务的真实性不足，这不但有可能降低任务的难度和对情境的复杂性要求，也会导致学习者不严肃或不重视，从而无法体验真实工作的多方面要求。为了解决这一问题，教师一方面应努力使人为设计的模拟工作任务尽量与实际工作任务一致，另一方面可采用真实任务与模拟任务相结合的方式。

需要指出的是，对企业与职业学校（和学生）而言，同一个工作任务可能有完全不同的意义。对企业，完成好任务的标准是能够盈利，完成任务意味着实现利润，只有能够带来利润的任务才有意义。学校的学习任务可以直接取自企业。但是在职业教育中，完成学习任务的过程必须是学生的学习过程，同时也是职业能力发展的过程。能够兼顾企业和学校双方利益要求的任务是校企合作的最佳选择。但是在教学实践中，企业与学校间却常常存在不可调和的矛盾。这里最大的结构性矛盾是：企业的目的是在最短时间里生产最多的产品，从而实现经济利益的最大化，追求的是效率；职业学校重视在真实的职业情环境中给学生更多的活动空间与时间，通过任务的分析、计划、实施和评估反馈等，促进学生（职业）认知能力和职业行动能力的发展，追求的是发展。

要想解决这一矛盾，只能设计尽量将真实职业情境与教育情境融合在一起的模拟工作任务。模拟工作任务与真实工作任务有一定区别，如功利性较弱、完成任务的时间要求较宽松等。尽管如此，还是应尽量保证其实施过程（任务引领教学的学习过程）与工作过程的一致性。

任务引领学习的步骤与行动过程大体相当，包括以下几点。
> 接受任务：这里不仅是教师简单地将一个任务"强加"给学

生，重要的是让学生认识到该学习任务的重要性，乐意接受并保持良好的动机与情绪。

- 任务分析：学生对任务的性质、要求和目的等有全面的了解，与下一步的制订计划不同，这里的产出不是一份详细工作计划，而是有关任务的整体资料。分析任务是完成任务的首要阶段，主要涉及战略性和规划性的问题。
- 制订完成任务的计划：在全面了解学习任务的前提下，对如何实现任务的学习目标所进行的具体计划，回答"如何实现学习任务的目标"的问题。
- 任务的实施：指实现任务目标的具体操作过程，学生经历完整的行动过程。
- 评估与反馈：检验任务实施结果是否达到任务目标的要求，但这还不是任务评估与反馈的全部。评估与反馈不是终结性的，它贯穿于完成任务整个过程的所有步骤中（Pahl, Ruppel 2007）。

在现代职业教育中，特别是在竞争日趋激烈的手工业和服务业，对"客户至上"等社会能力提出了更高的要求。客户变得越来越挑剔，加强与客户的联系不但越来越重要，而且满足客户个性化需求的难度也越来越大。通过任务引领的学习，可以较好地实现以客户为导向，学习者在获得和处理订单任务的同时，可以积累相关的工作经验（Hahne 1998,16）。

任务引领的学习可以为学习者提供接触新技术的机会。教师通过利用新技术设计和模拟客户订单，并在教学中让学生完成。学生可以结合日常经验，将理论知识与企业实际工作结合起来。在任务引领教学中，学生容易发现学习内容在职业活动中的实际作用，有利于提高学生的积极性。而且教师可以不用过度强调纪律问题，因而减少了学生的学习压力。

综上所述，任务引领的教学可以实现很多职业的教育性目标。
- 帮助学习者在考虑社会、交流和工作组织方式的条件下，有效、合理地构建客户关系。
- 了解和评估客户的需求，并对其进行系统化的处理。
- 获得和掌握背景信息，以应对客户提出的问题。
- 根据特定的标准筛选信息，对其进行批判性的评价和建设性的处理。

任务引领教学对教师的教学能力提出了较高要求。教师不仅需要了解学生现有的专业水平与能力，而且必须了解真实工作任务的结构、种类和范围。这对职业院校的教学组织管理也提出了更高要求，即需要抛弃传统的学科结构，(至少)实现一定程度的团队教学，如教师按照学习任务成立团队，自己决定团队内的教学工作安排、制订详细的教学实施计划和分配教学资源等。教师从知识传授者变成了学习顾问，必须主动和自愿放弃传统教学中知识的垄断地位。而在整个的教学组织方面，要求学生具有主体意识与合作精神。

2. 跨学科性

传统的职业学校教育采用学科课程模式，即以学科内容为中心，依据不同学科之间的相关性按照先后顺序开设教学科目。作为18世纪启蒙运动的产物，学科课程体系具有逻辑性、(学科)系统性和简约性较强的优点，但是随着科学技术和社会的发展进步，人们发现它有很多局限性，这主要表现在以下方面。

> 从认识方法上看，学科课程体系从原子论和机械论视野来认识个人、社会与自然的关系，追求"工具理性"，倡导对世界的有效控制，忽视了世界的整体性，也把原本内在统一的科学、艺术与道德割裂开来。

> 从教育政策上讲，学科课程体系把学科文化强化为"精英文化"，将之与"大众文化"割裂开来，强化少数人的利益，最终导致学生人格的"片段化"，阻碍学生人格的整体发展。

从教学过程看，学科课程以灌输学科知识为宗旨，把学习理解为封闭在书本上的过程，过多倚重接受学习，忽视发现性学习、探究学习和行动学习在人的发展中的价值，忽视社会经验的获得和实践能力的形成(钟启泉，张华 2001)。

在学科课程的教学实践中，学生每天需要学习和接触属于不同学科的知识，这些知识内容之间通常没有联系。面对不同学科领域，正常人一般很难在较短的时间内(如45分钟或50分钟)真正被调动起学习兴趣来，因此教师常常被迫利用多种方式，甚至是"欺骗"(如做游戏)或"威胁"(如通过考试)等手段，来调动学生的学习积极性，"引诱"学生参与到学习过程中来(Adolph 1984)。事实上，即便是学生由此能学习到一些知识，这些知识主要也是"惰性知识"。就像惰性气体无法发生化学反应一样,惰性知识也很难帮助人们解决实际问题(Rauner 2004)。把学科课程中所学的专业知识技能转换成工作中需要的知识和技能的过程,是很难实现的,即便是真的能实现一部分,这也需要以长时间的专业实践为基础(Pätzold u. a. 2003)。

亨耐克等曾经对此生动地描述道:我们在中学学习不同的课程,在大学学习特定的专业,工作后又在特定的部门工作。通过人为确定的秩序,每个人在多样化的世界中找到了自己的位置。在此,相互联系的知识元素被分离,思维被人为割裂,其结果是:现实世界中相互作用的结构被分割成碎片,研究也只针对单个碎片而不是它们之间的关系(Heinecke,Oelsnitz 1995)。

在学科课程中,教师从自己的学科角度出发讲授课程。由于缺乏其他相关学科的经验,尽管他们可以从自己专业的角度认识、分析和讨论问题,但是要从更多角度解决综合性的难题就很困难了,这就阻碍了学习者发展极为重要的"辨别真实关联结构"的能力(Kliebisch,Sommer 1997,11),与人的全面认知、理解和发展的需求也是相矛盾的。

随着教育事业的发展,学科课程受到的批判越来越多,大家普遍认为其无法达到促进学生全面发展的教育目的。现代职业教育的教学内容多为结构复杂的综合性问题,他们与职业实践或日常生活有密切的关系。学生需要深入探索与他们的工作世界和生活环境的特定问题相联系的多个领域的知识,这些知识涉及多个学科领域,如自然科学、社会科学、音乐、美术甚至交流技巧等。为了能在工作和生活中发现、发展和应用必要的技能和知识,教学目标更加多样化,学习难度也在加大,这就要求在职业教育中不仅要传授单科知识和单项技能,更要注重解决综合问题能力的培养,因此跨学科的学习成为必然的选择(Humphreys,Post,Ellis 1981)。

跨学科性是行动导向教学的另一个基本特点。跨学科的教学跨越了传统学科界限,把原本属于不同学科的多方面内容组合在一起,建立起有实质意义的联系。它把教与学看作一个整体,从而使学生能在更广阔的领域中学习和了解相互联系的真实世界。

在德国职业教育中,跨学科教学计划最早于2002年出现在下萨克森州,它强调了跨学科教学(Fachübergreifender Unterricht)的概念,并对此进行了定义。据此,跨学科学习是指以一个学科为中心，在此学科中选择一个中心议题，运用不同学科的知识对所确定的共同议题进行处理和设计（杜惠洁，舒尔茨 2005）。跨学科的教学是一种关联性的学习，学习内容复杂，需要多方面的观察、引入多角度思考、区别不同方面和要素。如有可能，还要同其他课程的其他议题，甚至同其他专业建立联系。跨学科学习是连接多个学科的学习，正如在客观世界里建立起的关联。

跨学科的教学不强调知识的系统性，而关注"案例"和"发现"以及学生自我管理式学习。教师为学习者提供咨询帮助，并与其一道对学习过程和结果进行控制和评估。在中国，有学者对跨学科学习总结了以下特点：学习内容是各学科的综合体；在教学中强调活动项目；充分利用课外学习资源；建立不同学科概念之间的关联；遵循主题单元的教学组织原则；灵活的课程安排和灵活的学生分组（彭云，张倩苇 2004）。

跨学科学习是学生独立解决问题，并对未来产生持续影响的个性化过程。学习计划由学生自己制订，只有这样，他才能通过自己的活动持续追求每一个最新的结果。可以看出，跨学科学习可以促进学生独立意识、独立决策能力和独立责任心的发展，因此是促进个性发展和实现"职业成熟"[①]的必要条件（Anorld，Lipsmeier，Ott 1998）。

跨学科学习也是适应当今社会发展的必然要求，这体现在文化、政治和经济等多个方面，如以下方面。

- ➢ 现代化过程中急剧增长的知识不再受学科界限的限制。一种专门知识无法再单独解决某一社会领域的关键性问题，原有学科知识的价值和使用总是强烈依靠相关学科知识的联系和交叉。
- ➢ 生产方式从传统的泰勒方式向以精益生产为代表的扁平化管理发展，水平劳动分工弱化，职业和岗位之间的界限越来越模糊，其工作要求的相同点也越来越多，这些与学科设计是矛盾的，企业工作要求的跨学科特点与学科课程设置原

[①] 康德（I. Kant）认为，成熟指人们不经他人指导而具备理智行事的能力。职业成熟，指因具备所要求的所有能力而具有职业独立性，能够按照给定的标准完成任务并能对该标准进行反思。

则也是矛盾的(Womack,Jones,Ros 1990；Fischer 2000)。

➢ 一个人在现代社会中生存生活和从事职业活动,需要具备全面的知识和能力等主观条件,包括职业知识和技能,分析和解决问题的能力,信息接收和处理能力,经营管理、社会交往和不断学习的能力等,这就是综合职业能力。综合职业能力的获得需要综合的或跨领域的课程与教学形式。

在客观世界中建立起关联性活动,可归结为客观或者外部的关联意图,有效的学习是关联性的学习,它在很大程度上是跨学科和多学科的学习,专业和学科性特性必须通过跨学科的研究加以补充。当然,尽管行动导向的学习是跨学科的,但是跨学科学习不能完全替代学科知识学习和特定领域的技能学习,而是全面学习的前提条件(Dubs 1989)。

第二章 职业行动能力

能力是当前国际职业教育研究和革新实践中使用频率最高的概念之一,这里有两方面的原因,一是全球化、知识经济发展和劳动组织变革造成工作世界的巨大变化;二是人们更加关注受教育者的主体地位,这都反映了职业教育理论和实践的发展和进步。

在我国职业教育界,"以(职业)能力为基础",作为课程和教学改革的重要指导思想已经被大家所普遍接受,然而大家对"能力"的理解却多种多样,仅中国知网(CNKI)的《科技术语释义在线词典》就列举了数十种定义。对(职业)能力的不确切认识,首先体现在不了解"能力"与"技能"的差别,如许多研究成果和院校教学文件(如课程标准)把职业能力和技能作为同义或近义词使用。人们还采用多种概念如"核心能力"和"关键能力"等讨论跨职业的能力,并试图(多在缺乏实证依据的情况下)进行能力分类和建立能力模型。由于缺乏扎实的理论基础和实证依据,职业教育机构不但在实践中的思路和活动五花八门,而且在进行相关研讨和交流时经常使用同样的词语,说的却不是同一个事物,因此很难取得高水平的理论研究成果和具有普遍价值的实践创新经验。理解能力的概念,特别是职业行动能力,对理解行动导向教学有重要的意义。

一、能力与职业能力

(一)能力的概念

要想对能力进行科学的研究,一个重要前提是要对能力有明确(但不一定是唯一)的认识。由于能力不是一种简单的客观事实,而是一种人的个性特性,因此不同学科领域和理论体系对此有不同的理解和定义。造成对能力认识差异的原因,还有概念的复杂性、社会文化的多样性、认知主体的知识局限性和研究视角差异等多种因素。

1. 能力的基本定义

《牛津英语词典》对 Competence 的解释是(of people) having the necessary ability, authority, skill and knowledge。《中国大百科全书·心理学卷》对能力的定义为"作为掌握和运用知识技能的条件并决定活动效率的一种个性心理特征"。目前对能力认识的差异主要表现在两个方面：①不同学科或研究领域有不同理解；②不同国家和文化有不同理解。在对能力这一术语进行定义时，许多因素起着重要作用，如教育、经济和政策、各种具体职业的传统以及"被市场化的能力"的劳动市场状况等(Clement 2003)。

（1）不同学科对能力的理解

能力是心理学的一个重要研究对象，它是和活动联系在一起的、顺利完成某种活动所需的心理特征。一般认为，能力是人的心理特点，是掌握活动最为重要的知识技能的过程的快慢、难易以及巩固程度，因此是在实践活动中直接影响活动效率，使活动顺利完成的心理特性的综合(彼得·罗夫斯基 1981)。

在职业教育学领域，德国的研究具有重要的影响。魏纳特(F. E. Weinert)对能力的定义具有代表性，他将能力理解为"个体或包括多个人的群体所拥有的、能成功满足复杂需求的前提条件"(2001,62)，这就在"可以习得的能力"与"成功满足复杂需求的潜力"之间建立起了联系。这个定义不仅包含认知方面的内容，也包括动机、道德、意志和社会方面的成分。人们只有在深入研究处理专业或"领域"(domain)内的事宜时才能获得能力，因此能力在某种程度上也遵循所谓的"领域特殊性"原则。

人力资源开发研究对能力的理解常常与具体工作中的绩效和产出相联系。诺顿(B. Norton)在其《DACUM 课程开发手册》中将能力(Competence)定义为"工人在完成一项给定的职业任务取得的知识、技能和态度方面的成就"(Norton 2000)。欧洲资格发展管理(Qualification Development Management)工作组则把能力定义为"(与其他概念如才能、技能、本领或资格相近)个体通过对事务进行安排而获得的自我组织的才能"(Erpenbeck 1996,311)。对这个从资格角度给出的经济管理范畴的定义，教育学家给予了很多批评,因为它强调个人的责任、自我组织和自我管理,却忽视了内化过程的他律性原则(Bolder 2002,662)。事实上能力是很难用来描述职业资格的,因为资格与员工的个性几乎没有关系。否则,缺乏某种能力就会被解释为个性缺陷了,但事实上缺乏某项技能并不代表员工有个性上的不足。

20世纪60年代,著名公共知识分子乔姆斯基在语言学领域中对"能力"和"绩效"进行了系统的研究。他用能力表示一般意义的语言能力,用绩效说明对语言的实际运用。他跟踪了大量的"绩效错误"(如语法和发音错误),并分析了引发这些错误的因素,如社会—文化因素、社会因素、个人心理因素和环境因素等(乔姆斯基2006)。

(2) 不同国家和文化的理解

在职业教育领域,不同国家或文化对能力的理解有所不同。由于英语的国际性影响,英国的能力概念对国际职业教育培训的发展具有重要的影响。在英国国家职业资格标准(National Vocational Qualifications,NVQ)中,人们用对学习者的产出(outcome)来定义和描述能力,其基本理念是:如果学习者能够完成一项工作任务,那么也就具备了这项能力。能力的核心是通过考核展现出来的按照一定结构组织的知识、技能和绩效要求。

NVQ按照这一理念建立了能力结构体系。例如按照Edexcel[①]的资格标准,某一级别的职业资格包括若干项能力单元(Unit),每个单元包括若干个学习产出(Learning outcome),每个学习产出通过一系列评价指标(Assessment criteria)来描述。这种以产出为导向的、建立在行为主义学习目标表述基础上的能力概念,对国际职业教育、包括中国的职业教育发展产生了很大的影响,例如澳大利亚的培训包就是类似理念的反映。在实施职业资格考试制度的国家包括我国,为了资格考试可行,人们普遍把工作任务和工作过程分解成为一系列可观察、可描述的能力点,包括知识和技能(人力资源和社会保障部2012)。

这种行为主义的能力理解有明显的局限性,即便是在盎格鲁文化国家中对此也存在着批判,特别是来自教育学界的批判。如

---

① 英国最大的提供学术性和职业资格培训与资格鉴定的机构。

Eraut(1994,174)指出,应当区别"针对一个人的一般的和完整的 capacity 的 competence,和针对专门的 capabilities 的 competency"。诺顿还因此特别对 competency 进行了定义①,但这并没有从根本上解决行为主义理论所遇到的问题。

在德国职业教育中,每一门学习领域课程都是一个通过教学法设计的、综合性的功能领域,其课程目标也采用产出导向的表述,因此职业教育的培养目标是行动化的能力,即"职业行动能力"。职业行动能力是"对个人和社会负责任行事的自我控制的意愿和本领",是"通过对事实的理解、反思以及对动机和问题状况的判断来开发现实的"(Bader 1989,74)。行动能力表述与英式(如上文的 Edexcel)的去情境化表述方式不同,它总是与一个综合性的复杂工作任务相联系,采用"完整的行动模式",强调促进个性的全面发展。行动能力对职业能力的理解是整体化的,强调人在复杂的或问题情境中按照专业要求和道德正确地去行动(Ertl,Sloane 2006,120),这与前文魏纳特对能力的定义是一致的,即能力是"成功满足复杂需求的前提条件"。

中国对能力的认识主要是通过国际合作项目引入和发展起来的,在很大程度上受到发达国家,特别是德、英和美等国家的影响。如原国家教委中加高中后职业教育项目对能力的定义是"由知识、技能以及根据标准有效地从事某项工作或职业的能力,可视为完成一项工作任务可以观察到的、可度量的活动或行为"(中国 CBE 专家考察组 1993),这与 DACUM 的理解是一致的。中国职业资格证书体系以及受益格鲁文化影响较大的职业院校广泛采用了类似的定义,如上海市《中等职业学校专业教学标准》中将职业能力定义为"完成工作任务需要采取的行为或策略,包括动作技能和智慧技能"。

此外,中国与德国的职业教育交流也很广泛,很多人接受了德国职业教育的职业行动能力的概念。从 21 世纪初开始,教育部文件和领导讲话中开始提及"综合职业能力",即"一个人在现代社会中生存生活,从事职业活动和实现全面发展的主观条件,包括职业知识和技能,分析和解决问题的能力,信息接收和处理能力,经营管

---

① 即 a description of the ability one possesses when they are able to perform a given occupational task effectively and efficiently(Norton 2000,Appendix C)。

理、社会交往能力,不断学习的能力"(刘来泉1998,13)。这种认识与行动能力的概念是一致的,它超越了职业单纯的功能性要求,开始强调人的全面素质和发展潜能。

鉴于人们对能力的定义和理解过于多样化,雷曼(B. Lehmann)曾经担心地总结道:"当前的能力研究具有严重的理论缺陷,有可能退化为毫无意义的概括",最后可能仅仅是"一种短暂的狂热"(2002,121)。本章对有关能力、特别是职业行动能力的研究进行梳理,以期能够对(职业)能力这一对职业教育发展具有重要意义的概念起到一定的"捍卫"作用,也为行动导向的教学奠定基础。

2. 关于能力概念的基本观点

人们按照不同的方法论对能力进行研究,并由此建立了不同的能力观。如桑德博格(Sandberg 2000)把对能力的认识划分为三种类型,即"行为主义导向的""理性主义研究传统的"和"解释性研究方法的"。博登(Bowden 1997)在五个层次上对能力进行解释,即一般化层次、行为层次、补充型层次、综合层次和整体层次。而匡瑛(2010)按照不同的心理学理论流派,分别从行为主义、认知主义、人本主义和建构主义角度对职业能力的概念进行了归类。哈格(Hager 1995)把能力研究归结为三种能力观指导下的行动,这种分类方式至今看来仍然具有重要的意义,这三种能力观如下。

(1) 行为主义的能力观

行为主义的能力观即用完成一项具体任务所需的行为来定义能力,也称为基于任务的能力观,它的形成和 Competence Based Education(CBE)的发展有密切的联系。CBE 的概念出现在 20 世纪 60 年代美国教师教育项目中,后来逐渐推广到多个国家,特别是在盎格鲁文化国家,如英国和澳大利亚,甚至在新加坡和韩国等都具有广泛的影响。

CBE 的理论基础是泰勒(F. W. Taylor)科学管理原则和行为主义目标运动。泰勒通过对完成任务的活动研究确定工人的能力,并把这些"能力"分解为规则和活动方案。美国教育界 20 世纪 50 年代的行为主义目标运动,则鼓励教师把教学目标表述成可观察的学生的行为变化,通过对学生外显行为变化的判断确定教学目标是否达成。在行为主义能力观指导下的职业教育强调通过行为目标的实现提高学习者的技能,一般不关心任务(能力点)之间的联系,也较少或无法关注心理特征在完成任务中的作用。

(2) 基于一般个性特征的能力观

基于一般个性特征的能力观即关注个体完成任务所需要的、重要的一般个性特征。其假设是:工作中表现出色的人具有一些共同的个性特征,如诊断性和系统性思维、使用非正式程序的能力、自信、主动和坚持等。具有这些个性特征的人,可将其恰当地应用在具体任务中,并能将其迁移到多个或所有的工作情境中。基于一般个性特征的能力观不考虑能力应用的情境,认为能力是"一般层次能力",是独立于具体工作情境之外的知识、技能和态度。人们对一般个性特征能力观的批评主要是针对它的"去情境化"理念。首先,人们无法确定是否存在一般性能力,而当代专家智能研究却发现,专家的能力具有很强的领域特殊性特征(Röben 2008);其次,人们可以(在一定程度上)对工作能力进行描述,找出其包含的个性特征,但这些特征并不一定能帮助人们完成具体的工作任务;最后,这和公认的多元智能理论也是矛盾的(见下文)。

(3) 综合的能力观

综合的能力观认为,能力是在一系列具有典型意义的工作任务情境中表现出来的知识、才能、技能和态度的综合。人的一般个性特征和相关职业情境有联系,只有这样才能反映出职业实践的整体性要求。Bowden(1997)根据教育实践将能力划分为五个层次,即一般性能力、行为能力、补充性能力、整合性能力和整体性能力。其中"补充性能力""整合性能力"和"整体化能力"都不同程度地体现了相关性特点,反映了综合的能力观,但综合的程度有所不同。

最新的能力研究对能力的理解多数是综合性的。如劳耐尔(F. Rauner)等开展的 COMET 国际职业能力测评研究,就是对能力进行的综合性的解读和实证分析(Fischer,Rauner,Zhao 2015)。劳耐尔把职业能力分为功能性能力、过程性能力和设计能力,是对博登的能力分类的系统化发展(Rauner et al. 2013)。此外,多数国际组织的文件和重要报告中对能力的理解也是综合性的,如国际劳工组织的报告中强调"更加自主的、有适应力的和多功能的工人"……"个人的全面的能力,特别是交流、解决问题、团队工作的能力而不仅仅是纯的技术技能"(Axmann 2004,3)。文献分析发现,尽管存在多种能力定义,但当前的多数定义关注到了能力的整体性特征,在一定程度上反映了综合能力观的认知趋向(刘洋,和震

2012)。

综上所述，能力概念的内涵十分丰富，但从组成要素、特征和发展水平角度可以做出以下总结。

第一，能力由多种要素组成，包括思维、谋略、经验、技巧、知识、技能、方法、计划、组织和决策等，其中知识、技能和经验是最重要的，也是"智慧"和"本领"的具体表现。有时人们把单一要素表现的某一方面的能力称为单项能力，如思维能力和交流能力等；把多个要素表现的多方面能力称为综合能力，如集知识、技能和策略于一体的行动能力等。能力要素及其作用条件的差异性以及人们理解角度的不同导致了能力分类的多样性。

第二，能力的特征是识别"能力"概念的重要标识，主要表现在以下方面。

- ➢ 个体的差异性。能力由每个个体承载，具有鲜明的个体特征和差异，并且随着个体素质的提升和实践而不断发展与提高。
- ➢ 综合性。能力是蕴含在个体上的综合体，包含多种能力元素，每一种元素都可以在特定作用力下形成相应的专门能力，并由此组成了一定的能力结构，可从不同视角对其进行分析。
- ➢ 实践性。人的能力主要是在后天的成长和实践中形成和发展的，与特定的实践情境密切相关。
- ➢ 功能性。能力的形成和发展有目的性和功能性，例如满足某种需要和解决特定的问题等。为了满足个性发展的需要，人们不断促进具有不同功能的能力的发展，并且采取适当方法评价其效能。

第三，能力发展水平体现了个体储备的潜能，是一个人通过学习和实践所具备的实际水平，包括知识技能的数量及深度、行为品质及态度、经验、技巧和智力水平等，其作用发挥的大小取决于储备的能量水平及其所处的相对位置。能力水平可以通过实践中的绩效水平实际呈现出来，其作用发挥程度与工作环境和工作要求有关。

（二）职业能力

职业能力是职业教育研究和实践的重要概念，人力资源管理和资格研究等也与职业能力有关。

职业能力是与职业相关的认知能力特征,对职业能力的讨论应当综合考虑教育、经济、政策、文化和职业传统以及劳动市场发展状况等多方面的因素。由于国际上认为"职业"是一种典型的德国式的社会组织方式,因此德国有关职业能力研究的成果,是职业能力研究的重要参考。

在德国,职业能力的概念最早是由洛特(H. Roth)提出的,当时他把职业能力分成自我能力、专业能力、方法能力和社会能力(Roth 1957)。后来职业教育界的相关讨论多数都是在这个定义基础上进行的,例如艾彭贝克等把职业能力划分为个人能力(有反思的、有组织的行动和学习能力)、积极和主动的应用能力(主动的、全面的行动能力)、专业与方法能力(解决具体的专业问题的能力)和社会能力(自我组织的建立沟通与合作的能力)。在此,人们主要从三个维度对能力进行理解。①行为主体:人可以自己或在他人帮助下发展形成有关事件和事实的本领;②环境:行为主体发展和生成这些本领需要一定的环境,如家庭、企业和社会等;③意愿:能力涉及个体的动机,关系到主体接受挑战而不是回避和拒绝挑战的意愿(Erpenbeck,Rosenstiel 2003)。

德国《联邦职业教育法》将职业教育的目标定义为获得职业能力。国家通过每个培训职业的《培训条例》对职业能力进行了确定和描述(即"职业描述")。也就是说,学习者在通过结业考试后,应当满足国家对职业能力所确定的要求,包括职业知识、技能和资格(《联邦职业教育法》第一条第三款)。这样,职业能力就是完成一系列职业的典型工作任务所需要的职业认知能力和主观潜力,它可以通过在特定任务背景中的"职业行动"表现出来,即以"职业行动能力"(Handlungskompetenz)的方式表现出来。在此,典型任务是通过一个职业的职业描述确定的,而不仅仅是一般性的、偶然的具体任务或常规任务,这保证了职业教育特有的培养目标的实现,即"学会从事一门职业",这也是德国对职业能力理解的重要特征。

由此可以得出以下总结:职业教育的成功标志是其毕业生具备职业能力,即能根据所要求的规则从事该职业的工作。职业能力具有功能性特征,但它并不仅仅停留于功能性层面,而且还反映在更高的过程性和设计能力层面。一般地,职业标准对一个职业的从业者应具备的能力进行了详细程度不同的描述。职业能力水平的高低可以通过在具体工作中的职业行动能力反映出来,而职业能力中的认知部分也可以通过制定行动方案等"脑力活动"反映出来（但不反映操作技能）。

在盎格鲁文化国家，人们多数并不关注工作是否是以职业的形式组织的。人们甚至无法用一个英语词汇去表达德语 Beruf 或汉语"职业"所包含的意义，如德语 Beruf 包含了 vocation、occupation、profession、trade、job 和 career 等词的全部或部分含义（Dostal 2008，162），而 career 则被经常翻译成中文的职业。英语的职业能力主要是完成工作任务的能力和绩效，在职业教育培训中，一般指知识技能的学习产出。

从 20 世纪后期以来，起源于经济管理学范畴的以能力为基础的教育培训（CBT/CBE）理念得到了推广，但这并没有促进教育学能力研究的发展。相反，教育学的"能力"概念却遭到了经济学"（类）技能"概念的排斥，例如在 DACUM 的实践中，competence、competency 和 skill 基本上是同义词。尽管这期间也发生过一些变化和修正，如 CBT 被 CBE 所取代，但事实上很多相关研究并没有超出 20 世纪 50 年代德国职业教育学的研究水平，如当时的达冷多夫（R. Dahrendorf）就已经对"功能性能力"和"功能外能力"进行了深入的研究（Ott 1995，171）。尽管 DACUM 职业能力定义提出了"态度"的概念，但是内容非常抽象，多为如认真、细致、严守工艺规程等抽象的词汇。由于无法建立这些概念与职业情境的直接联系，因此在职业教育实践中很难把握，也很难评价其具体产出。

中国在 20 世纪末出现了有关职业能力的讨论。从 1998 年，教育部文件中首次出现"职业能力"的提法。目前职业能力已经成为公认的职业教育的重要目标，但是大家对职业能力的理解并不相同，主要从以下角度理解。

> 宏观教育目标视角。如认为职业能力"是指某一职业所需的专业能力和非专业能力的总和，是个体当前就业和终身发展所需的能力"（杨黎明 2011），这与德国的职业行动能力相似。
> 从狭义和广义两个层面对职业能力进行区分。中国社会对岗位和职业的区分不很明确，对"以职业形式组织的工作"没有足够的敏感性，因此认为存在狭义和广义的职业能力：狭义的职业能力指岗位的工作能力，或完成特定任务的能力；广义的职业能力指某类职业（或职业群）共同的基础能力，是经过适当学习能完成某种职业活动的可能性或潜力

（严雪怡 2007；孟广平 2000）。

> 从能力分析方法的视角。受 CBE 的影响,在课程开发实践中职业能力经常被解释为"工作任务的胜任力"。徐国庆(2005)按照不同的任务分析方法把对能力的理解分为两种,并认为这导致了不同的工作分析方法和对课程的不同理解:①从工作任务中分析出来的心理要素,能力的获得在工作任务分析基础上进行;②由典型工作任务确定,人们在确定了典型工作任务后,也就确定了职业能力(参见姜大源等 2005；赵志群 2009)。

原劳动部"国家技能振兴战略"研究课题组把能力分成三个层次。①职业特定能力:按职业分类大典划分的各职业的特定能力;②行业通用能力:在一组特征和属性相同或相近的职业群中体现出来的共性的技能和知识要求;③核心能力:是职业生涯甚至日常生活中必需的、并能体现在具体职业活动中的基本能力,具有普遍的适用性和广泛的可迁移性(陈宇 2003)。这种分类对人力资源部门的技能培训和资格考核有很大影响。一些技能鉴定机构甚至开展了核心能力模块(如与人合作、自我学习、信息处理等)培训和相关能力鉴定工作,这体现了行为主义能力观与基于一般个性特征能力观"两极的不同寻常"的结合。

总的来说,中国职业教育界目前多认可和接受职业能力的综合性和整体性特征,多数职业能力定义围绕着职业教育的目的(即学生当前就业和长远职业生涯发展)展开,因此在谈及职业能力时,常常用"综合职业能力"一词表示,这也明确体现在教育部和人力资源部最新的相关文件中,如前者的"专业教学标准制定工作名词术语"和后者的《一体化课程开发技术规程(试行)》(人社厅发〔2012〕30 号)。

对职业能力的不同认识,演绎出了不同的职业教育课程模式、教学方法和教学评价体系,职业教育机构也会有不同的工作策略与措施。如采用行为主义产出导向的能力标准表述,因为技能表述直接明确,职业院校容易与企业交流并获得企业的认同。但是由于过于强调操作技能培训,有可能丧失(部分)教育性目标,如以人为本和全面素质的提高。如果按照综合职业能力的理解设计职业教育,可以为学生奠定较宽泛且扎实的生涯发展基础,但是对校企合作和政策环境等外部机制和实施条件提出了特殊的、更高的要求。

（三）与职业能力相关的重要概念

在现代职业教育中，人们用"职业能力"这一概念来指导和组织学习过程。能力在西方语言里用多个类似但不相同的词来表达，甚至英语和德语本来一个词 competency 和 kompetenz 也有不同的研究起源，前者是起源于经济学的概念，强调技能，后者却是一个教育学概念(Metzger，Seitz，Eberle 2000)。此外，还有一些与职业能力联系紧密但又有不同含义的概念，如资格、技能、智力和职业道德等。通过职业能力与这些概念的比较，可以更好地理解职业能力。

1. 职业资格与技能

能力、技能和资格是有紧密联系但又不同的概念，它们有不同的理论渊源。能力起源于教育学和心理学理论，而资格和技能来源于管理学实践。在职业教育研究和实践中，人们对能力、资格和技能之间的区别关注不够，对这些概念的使用也很混乱。

简单来说，能力是对自身及其在个体、职业和社会领域中具有自我承担责任的才能的学习成果；技能是可利用的学习成果，是学生所学本领在个体、职业和社会领域范围内的可用性，一般不关心认知和精神运动领域的目标；而资格则是完成职业任务需要满足的要求(Bader 2000，13；Wilsdorf 1991，43)。在职业描述中，资格一般通过技能等级的方式来确定和描述，因此职业资格和职业技能总是伴生在一起的，其核心是"可观察的职业技能"。资格有两种描述方式，一种是用明确的语言表述；另一种是表述出一个行动的结果，因为它认为无法用语言明确描述隐性知识。

哈提希等从"主观与客观的关系""学习"和"可客观化"三个方面对职业能力和职业资格进行区分。

> 资格由工作任务的客观要求决定，职业能力则是完成一组任务所需要的主观能力和潜力。
> 资格可通过训练获得，与人格发展无关，而职业能力与人格发展息息相关，包含了对工作的理解、评估和反思。
> 人是资格的载体，职业技能是人类的技能技巧在不断客观化过程中的剩余部分；职业能力很难被客观化，它往往超越了当前任务要求，以解决未来的问题为目标。职业能力包

含认知、动机和意志等因素,是可以学习和影响的,因此与智力也有区别(Hartig,Klieme 2006)。

资格和能力的区别在于:资格是在基于生产实际的考试情境中一项一项地表现出来的,而不是在自我控制的行动中表现出来的,因而可以标准化。获得了资格的人就成为资格的载体。人类的资格是技能和技巧不断在客观化的过程中的剩余部分,获得资格的过程同时也是技能学习的过程(Erpenbeck,Rosenstiel 2003,XI)。职业能力是以特有的人类智力和个性智力为基础的能力,以及人与机器交互过程中只有专业人员才能展现出来的那一部分能力。职业能力是理解、反思、评估和完成职业典型工作任务以及在承担社会、经济和生态责任的前提下,共同参与设计技术和社会的发展,而不仅是简单地按照具体命令执行常规性的任务(Rauner 1995;KMK 1991)。能力发展与人格的发展息息相关,但获得技能不是人格发展的内容,只是适应一项工作要求的一个前提条件。

在最初的相关讨论中,人们一般都使用"资格"或"技能"的概念,近期的(教育学)研究更多倾向使用"能力",但多数文献对这两个概念并没有进行清楚的划分和界定。在职业教育实践中,人们也没有对"能力"与"技能"的区别给予足够关注,甚至在一些学术文献中对这两个概念的使用也很不规范,这在自然科学或工程科学领域简直是无法想象的(Dehnbostel u. a. 2001)。自从20世纪60年代以来,随着英语国家以能力为基础的教育(CBE)方案和DACUM课程开发方法的推广,传统教育学的能力概念遭到了"技能"概念的严重打压,很多人把技能当作能力来对待。

从职业教育学的角度看,一个人如果能够满足职业的要求,意味着他不但具备职业技能,即能够完成本职业的工作任务甚至解决专业难题,而且意味着他能承担起职业角色,能在职业环境中坚持自己的观点,或对其他观点提出质疑,即实现"职业的自治"。凯兴斯泰纳(Kerschensteiner)曾经形象地比喻,职业教育的目标是给人们一只"思考的手"。CBE和DACUM提供的"手"太短,因为人们不可能准确描述所有的职业能力,仅仅从技术和设备方面的功能性能力分析中确定的学习目标,不符合生产过程人性化和民主化的要求(Boehm 1997)。职业教育的任务"远远超越了提供应用技能培训中的技术手段",促进功能以外的能力的发展具有重要的意义,它是构建和发展职业行动能力的重要前提(Arnold 1997,136)。因此，在职业教育中区分"能力"和"技能"概念具有重要的意义，这体现了职业教育的不同目标取向，即满足现实岗位的需要，还是确保并扩大学习者在未来职业生涯中的认知和行动能力，这归根到底是处理"教育"和"培训"的关系。

2. 智力

另一个与能力有关的重要概念是智力，对此国际上有很多研究。智力是一般的心理能力，与其他事物一样，包含推理、计划、问题解决、抽象思维、理解复杂思想、快速学习和从经验中学习等能力。由于智力的概念非常复杂，不同心理学家对智力的认识不同：有把人类智力定量分析并归结为一个数值，如智商；另一些人则认为智力具有多种成分，可以分别加以测量；还有人认为按照不同的经验范围，人人都有多种不同的智力。这一切均反映了不同的能力观，在此我们主要关心的是能力与智力的区别与联系。Hartig 和 Klieme(2006)从"情境化""可学习性"和"内部结构"三个方面对能力和智力进行了区分(见表 2-1)。

表 2-1 能力与智力的区别

能　力	智　力
结合具体背景的、处理特定情境和满足特别要求的能力	可以普遍适用的，是解决新问题的能力
可学习的，通过在特定要求和情境中的经验而习得	极少随时间变化，很大程度上取决于生物因素
内部结构也来源于情境和要求	内部结构在基本的认知过程中生成

资料来源：Hartig & Klieme 2006：131

美国心理学家加德纳(H. Gardner)提出的多元智能论对职业教育有着广泛的影响。多元智能理论强调人的智能的广泛性和多样性，认为每个人都不同程度地拥有相对独立的、与特定认知领域或知识范畴相联系的智能，如语言智能、逻辑数学智能和空间智能等。在每个个体身上，智力的表现形式有所不同。职业能力发展也是一种特定智力特征决定的能力发展表现。利用多元智能理论，可以按照职业的典型智力特征区分职业的类型和职业能力的层次(加德纳 1999)。

根据多元智能论可以对职业能力进行更为精准的描述，这比按照一般认知理论建立的能力模型，如专业能力、社会能力和方法能力或关键能力等更为精确和可行,因为后者均隐含着一个观点,即学习者的全部能力成分(如专业能力、方法能力等)都是均衡发展的,这恰恰违背了多元智能理论。多元智能理论强调能力发展的潜力,这种潜力不仅在个体之间有差别,同时在不同职业之间也有差别。职业能力既不是智力因素和文化因素的简单加和,也不只是针对具体工作的"资格或技能"。能力是可以学习和影响的,这与智力不同。

多元智能理论以及在此基础之上的多元能力模型从实际出发,强调能力发展的潜力,即能力一方面由职业工作给予,另一方面来自个体的自有智力。能力发展的潜力不仅在个体之间有差别,同时在不同的职业之间也有差别(Rauner,Grollmann 2006)。

3. 职业道德、职业认同感和职业承诺

职业能力的发展受到动机和情感的影响,它与职业认同感(identity)和在此基础上发展的职业承诺(commitment)有密切的联系。

职业认同感是个体对所从事职业的目标、社会价值及其他因素的看法。职业认同感是职业能力发展的一个重要维度,也是职业道德发展的重要组成部分。"职业能力的发展要求学生能够进行思维方式的转换:学生必须接受一个特定的职业角色,并且认同这个角色,否则就不可能获得职业能力",这一论断已被大量实证研究证明。布朗凯茨(H. Blankertz)因此提出,如果没有职业承诺,就不可能解释职业能力发展的规律。职业承诺是指由于个体对职业的认同和情感依赖、对职业的投入和对社会规范的内化而导致的不愿变更职业的程度,它是与组织承诺有关但高于组织承诺的情感和态度(1976)。在职业教育实践中,除了职业能力以外,职业认同感和建立在职业认同感基础之上的承诺紧密相连,由此发展出的职业责任感、质量意识和工作意愿等也是同样重要的目标(Rauner u.a. 2008)。

职业学习过程是职业能力和职业认同感共同发展的过程。美国学者德莱福斯兄弟(Dreyfus & Dreyfus 1986)发现了"初学者到专家"(from novice to expert)的职业发展逻辑规律。职业能力的发展过程,也是职业认识发展为高层次的职业认同感的过程。参照郝维斯(Havighurst 1972)的"发展性任务"(developmental task)理

论,可以通过不同阶段的典型工作任务(professional task)将从初学者到专家的职业能力发展过程表现出来。在这个过程中,学习者在熟悉和适应其职业实践共同体的过程中,逐渐形成职业认同感(Kleiner et al. 2002)。

(四) 跨职业的能力

1. 关键能力

进入 20 世纪中叶,社会劳动的水平分工逐渐弱化,职业和岗位间的界限越来越模糊,对岗位工作行为进行分析、描述和评价越来越难,对职业人才的资格要求做出具体的预测更加困难。社会学家迫切希望了解未来劳动者需要什么样的资格才能立于不败之地,至少不被机器所取代(Kern,Schumann 1984)。

随着科学技术的发展,职业教育中专业教育的重要性降低,而有预期的学习始终是职业教育必须遵循的基本原则。在发展中国家,面对企业飞速变化的技能要求,职业教育显得力不从心,因此获得有预期性的能力显得越发重要。这些能力中有一些是非专业化的,但是有利用价值而与专业有关的和社会基本能力,也就是所谓的关键能力,如抽象逻辑和计划性思考的能力,注意和精确性的能力,交流能力,团队合作的能力,创造力和解决问题的能力。

德国社会学家梅腾斯(D. Mertens)在对劳动市场与劳动者的职业适应性进行研究时,首先提出了关键技能[①]的概念,也就是关键能力(Schlüsselkompetenz)的雏形,即与具体工作任务和专门技能或知识无关的,但对现代生产和社会顺利运行起着关键作用,能够"打开通向未来的大门"的能力。据此,关键技能分为四类,即"基本技能"(有逻辑性的、创造性和批评性的思维等)、"水平技能"(如获取、理解和加工信息的能力)、"宽度元素"(如基本计算方式和劳动保护等)以及"与年龄无关的因素"(Mertens 1974)。

Mertens 试图通过"关键技能的培训"解决传统教育无法解决的问题,即领域知识快速增加,人们无法掌握全部的海量知识。他把关键技能(能力)看作是进入日益复杂和不可预测的世界的工具,

---

① 这里的"技能"和"能力"在术语概念层面是混乱的。早在 1979 年,Rösch 就指出这个概念的不适性,因为核心技能太泛而肤浅,含混不清。

是促进社会变革的一种重要策略。通过"掌握可迁移知识"这一更高层次的目标,开发学习者应对多种复杂情况的能力,以应变化了的情况并弥补专业培训的不足(Klein 1990)。关键能力不仅是指完成某些特殊任务时所需的能力,也是长期解决普遍性问题所需的能力。

关键能力理论的意义在于强调职业教育和培训区别,即职业教育不仅仅要关注学习的专业内容,更重要的是通过建立一种范式,发展学生的个性并提高其素质。

除关键能力外,人们还用其他术语描述那些"非学科专业的"能力,如 cross curricular competence(跨专业能力)和 common skills(共同技能)等,即不属于某个学科或职业所特有、具有横向迁移特性、覆盖多个学科和领域,并对成功学习和工作具有重要作用的能力。但是这些定义和术语都不能完全满足理论研究和实证的要求(Maag Merki 2008)。

关键能力理念对职业教育实践产生了重要影响,人们在课程和教学改革中进行了大量实验,如西门子(Siemens)公司的 PETRA 典型实验。PETRA 是"以项目和迁移为导向的教育"(德语 Projekt-und Transferorientierte Ausbildung)的缩写,它是一个系统培养从事复杂工作的技术人员关键能力的一揽子方案,把关键能力分为"组织与完成生产、练习任务""信息交流与合作""应用科学的学习和工作方法""独立性与责任心"以及"承受力"五大类,并针对不同关键能力的发展提出了多种教学组织和评价方法(Klein 1990)。PETRA 试图通过教学方法上的设计促进关键能力的发展,从而实现职业教育的素质教育目标,但不影响专业知识在教学中的统治地位。

关键能力概念也引起了其他西方国家的重视。1979 年,英国继续教育处通过文件对职业教育中的 core skills(也有 common skills 等类似说法)做了规定,把核心能力概括为 11 项,即读写能力、计算能力、制图能力、问题解决能力、研究能力、处理事物的能力、动手能力、个性的和道德的素养、物理环境和技术环境。1992 年,英国国家职业资格委员会在其国家职业资格中把六项关键能力分为两类,一类为强制性能力,包括通信能力、计算能力、信息技术;另一类为选择性能力,包括问题解决能力、个人能力、现代外语能力等(吴雪萍 2004)。英国人沿袭盎格鲁文化传统,将关键能力概念向行为主义和产出导向的方向推进了一大步,并进行了范围广泛的实践。这也成为后来的《欧洲资格框架》的基础。

20世纪末,澳大利亚开发的关键能力培养方案将关键能力分为"搜集、分析和组织信息""交流思想与信息""计划和组织信息""合作""利用数学思想和工具""解决问题"以及"利用技术"七类(DECS,1997)。目前,澳大利亚已把关键能力(核心能力)概念融入了其"就业能力"(employability skills)技能人才培养战略中(Wibrow 2011)。澳大利亚国家培训协会(ANTA)提出的就业能力基本框架把就业能力分为五个方面的技能,即生存技能、就业技能、跨行业的通用技能、跨行业的技术技能和职业专用技术技能。美国培训与开发学会(American Society of Training and Development,ASTD)也提出类似的工作者成功就业所需要的条件,包括基础、基本能力技能、沟通技能、适应性技能、开发技能、群体效果技能和影响技能七类17项技能(能力)[①]。可以看出,关键能力是"一个革命性的职业教育理念和全面的职业教育目标,是教育不可或缺的要素,对此教育哲学家显得欢欣鼓舞,而教学实践工作者却显得疑虑重重"(Arnold 1997,134)。

首先,人们很难确定关键能力的确切内涵,因此也很难用关键能力作为职业教育的学习目标。关键能力明确、但不精确地描述了职业教育的一部分内容。在这一点上,关键能力与同样重要的另一个概念"工作过程知识"是不同的。关键能力表达的是对某类特定能力的愿望,而不是对这种能力的描述;而工作过程知识可以在企业具体的专业技术领域中找到精确的答案(Fischer 2000,120)。

心理学家格鲁波(U. Grob)等建立了一个由六个指标组成的能力评价模型,这六个指标如下,①结构性:能力内部结构明确;②功能性:能证明能力与特定专业要求之间的功能联系;③可塑性:能力不是遗传的,通过建构可达到特定水平;④内容广度:涵盖个体生活的全部领域;⑤可实证检验:能通过实证得到验证;⑥均衡性:能力有价值取向(2001)。有人用这个模型评价关键能力理论,发现关键能力缺乏实证检验,无法证明其的确能够帮助人们有效应对岗位中不可预测的需求,同时也没有澄清其内部结构。

---

① 在英语里,skill 可以甚至也经常被翻译成技能或能力。

关键能力理论对职教发展具有重要的影响，但它并不是唯一重要的理论。魏纳特(F. E. Weinert)将能力定义为"个体或包括多个个体的群体所拥有、能成功满足复杂需求的前提条件"，从而在可以习得的能力与满足复杂需求的潜力之间建立起了联系。据此，人们只有在深入研究和处理一个专业或"领域"(domain)的问题时，才能获得职业能力。可以看出，魏纳特的能力理论与关键能力理论正好是矛盾的。关键能力理论与加德纳的多元智力理论是矛盾的，与公认的"领域相关性原则"和情境原则也不相符。宫奇(A. Gonczi)曾经总结道，关键能力能把个体所具备的个性特征及其这些个性特征以完成任务方式显现出来的情境联系在一起。它们汇聚了很多个性特征，但却不能因此而脱离情境存在(1996)。

2. 设计能力

20世纪80年代，欧洲出版的一个跨学科研究报告《对技术和工作的社会设计：以人为中心的计算机集成制造》提出了"培养设计工作世界和技术的能力"，即"设计导向"的指导思想，这对职业教育的发展产生了很大的影响(Corbett et al. 1988)。设计导向理论在劳耐尔(F. Rauner)和海德格尔(G. Heidegger)等德国改革派职业教育家的努力下逐渐发展成熟，被德国议会和文教部长联席会议确定为职业教育指导思想(KMK 1991)，并在后来的文教部长联席会颁布的《工作过程导向的学习领域课程开发指南》中得到细化。

设计导向职业教育思想的核心理论是：在教育、工作和技术三者之间没有谁决定谁的简单关系，在技术的可能性和社会需求之间存在着人为的和个性化的"设计"的空间。设计导向包括两方面的内容。

➢ 教育通过多元文化取向对社会愿望产生影响，可以（参与）设计技术的发展。职业教育成为技术、工作和教育之间复杂关系的独立变量。应有意识地促使职业教育对生产组织发展和技术进步产生积极的影响，实现从"适应导向"向"设计导向"的战略性转变。

➢ 设计导向教学的目的是满足企业对产品质量和员工创新能力的要求，其学习内容是职业实践中开放性的工作任务。教学不应局限在技术的功能方面，而是在把技术发展作为一个社会过程来看待。

据此,设计能力是"本着对社会和生态负责的态度,(参与)设计工作世界的能力",它是层次更高的职业教育目标,是以人为本的教育学理论的要求。事实上,加德纳从智力研究角度也解释了设计的重要性:"我希望我的孩子能够理解这个世界,并不仅仅是因为这个世界吸引他们以及人类的思想受好奇心驱使。我希望他们能将知识转变成改变世界的能力,从而使人类能够更好地生活(Gardner 1999,引自 Rauner u. a. 2008)。"设计导向也是企业劳动生产组织发展的要求,是职业教育针对工作世界的结构性变化所做出的反应,体现了技术的可能性与经济、社会、生态利益以及与价值观之间的妥协关系。

20世纪后期以来,"完整的行动"理论在职业教育实践中显示了巨大的价值,成为职业教育的重要指导思想(Pampus 1987;杨进 2004)。设计导向是行动导向理论的发展,它不但为职业教育的改革提供了思想工具,也为人文主义的劳动科学研究提供了一个反对精细化劳动分工的思想工具(Heidegger u. a. 1997)。设计导向对职业教育教师培养、创新研究以及文化和区域发展等方面的研究均产生了重要的影响,也为职业学(vocational discipline)的创立和现代职业教育学的发展奠定了理论基础(Pahl,Rauner 1998)。

由于传统的影响,全面实现设计导向教育还有很长的路要走,这是因为(特别是在中国)技术决定论仍然左右着人们的思维,职业教育多处于一种被动适应技术发展的状态;人们通常对精英人群的创新能力寄予厚望,但对培养普通劳动者的设计能力缺少应有的关注,而且职业教育的学习者还普遍缺乏个人意义的建构能力。

二、职业行动能力及其相关讨论

职业能力是通过"以职业形式进行的行动"(action)表现出来的,因此是一种"职业的行动能力"。职业行动能力是产生于德国职业教育学的一个重要概念。从1996年开始,德国文教部长联席会(KMK)颁布的职业学校《框架教学计划》都提到行动能力是个人在特定职业、社会和私人情境中,进行缜密而恰当的思考并对个人和社会负责任行事的意愿和本领(KMK 2000)。

行动能力是与职业相关的认知能力特征,指一个人在其一生中如何获取、发展和运用相关的能力、方法、知识、观点和价值观,因此常被称为"完整的行动能力"。在德国,人们一般把职业行动能力分为专业能力、社会能力和方法能力。有的为了强调个性发展目标,还增加了个性能力维度。职业行动能力概念的产生和推广,是职业教育从技能培训到能力发展认识提高的结果,反映了社会对从业人员的要求从关注岗位要求到关注人的个性发展,这一企业培训和继续教育中出现的重大理念变化,反映了'技能'在(德国)职业教育实践中逐渐被'能力'取代的趋势(Sloane,Twardy,Buschfeld 2004,161)。

职业行动能力描绘了学习者的学习成果及其在个体、职业和社会情境中能够负责任行动的才能。它一方面指工作者的权限和权利,另一方面也涉及个人所拥有的才能和特定任务目标。用"能力"替代"技能"概念,意味着职业教育目标发生了重大变化,即从满足岗位需要变为确保并扩展学习者个体在未来职业生涯中的行动能力。技能可以帮助人们利用所学知识和技能技巧有条不紊地完成工作任务,但是能力则反映了教育学理念,除了通过行动绩效表现出的技能外,还包括对自我和对社会结构的评价和反思。

职业教育的目标是促进职业行动能力的发展,职业行动能力是职业能力达到水平的评价指标。职业行动能力是"与职业相关的认知能力特征",指一个人在其一生中获取、发展和运用相关的能力、方法、知识、观点和价值观,因此也常常被称为"完整的行动能力"。完整的行动能力可以帮助人们针对越来越复杂和不确定的职业环境,设计出目标清晰、自觉、灵活多变、理性、有自我批判和反思能力的以及负责任的行动(Pätzold,Busian 2004,504)。因此,职业行动能力的基础是"基础能力",尽管这些基础能力有不同的用场,但是只有当它们同其他能力建立联系或者受到限制的时候,即在职业的或非职业的情境中,才有可能产生完整的行动能力。职业行动能力的发展,不但可以帮助学习者做好职业的准备,同时也为个体发展和进入公共生活做好准备(Metzger,Seitz,Eberle 2000)。

(一)专业能力

专业能力是职业业务范围内的能力,是在专业知识和技能的基础上,在特定方法引导下,按照专业要求有目的地独立解决问题并对结果加以评判的意愿和本领。专业能力的核心是工作的方式方法、对劳动生产工具的认识及其使用和对劳动材料的认识等,具备专业能力的人,可以在完成高要求的工作任务过程中,持久地做出优秀的成绩(Schaper,Sonntag 2007)。专家比初学者有更高的专业能力,他能用较少的投入解决较多的问题。专业能力越高,其能力的谱系也就越宽阔(Gruber,Ziegler 1996,81)。

专业能力是劳动者胜任职业工作、赖以生存的核心本领。在职业教育中,人们主要是通过学习某个职业的专业知识、技能、行为方式和态度而获得的。专业能力要求合理的知能结构,其特点表现如下。

- 专业能力是与职业共同体的专业要求相适应的行为。
- 满足对工作成果的质量要求(如技术层面的功能性要求,经济层面的时间和成本要求以及美学层面的外形要求等)。
- 选择与工作和生产条件相适应的材料和工具,并有意识地关注由于错误选择对工作造成的不良影响(如质量、产量、成本、生产过程和劳动安全等)。
- 制订工作计划,关注选择生产技术/工作过程的条件,有意识地关注由于错误制订工作计划或者生产流程对工作结果造成的影响。
- 在选择工具、设施设备的过程中关注其构造、运行方式以及运行条件。
- 按照专业要求使用工具、设备和机械过程,有意识地关注由于错误使用工具对工作结果造成的影响。
- 在工作过程中注意多种可能性和基本准则。
- 对自己及其他人的成绩做出客观评价的能力。

可以看出,专业能力是与职业共同体的专业要求相适应的、满足对工作成果的多方面的质量要求。专业能力不仅是工具性的能力,而且也是对职业在精神层面的深入理解。它关注对专业问题的策略性思考,将机械、盲目和不理智的行为转化为有前瞻性的、禁得起检验的周全考虑的理智行为(Rösch 1990)。专业能力中最重要的组成部分是专业知识和专业技能。

1. 关于专业知识

这里首先回答的是一个教学论问题,即什么是职业教育的系统化专业知识?在此有两种彼此对立的观点,一种是以学科知识为基础的学科系统化观点；另一种以工作的事实结构为基础的工作过程系统化观点，后者强调工作过程中的知识。

在专业知识中，工作过程知识扮演着重要的角色。20世纪80年代，社会学家克鲁索(W. Kruse)首先提出工作过程知识的概念，即有经验的技术工人所特有的、与生产过程相关的知识(1985)。"工作过程知识是在工作过程中直接需要的(区别于学科系统化的知识)、在工作过程中自我获得的，特别需要通过经验性学习后，在工作经验与理论反思间的特定关系中产生的知识"(Fischer, 2000)。例如，在现代生产条件下，没有必要的工作过程知识，维修工不可能快速修好机器设备。尽管设备的特性与设备所采用的科学技术原理有关，但是只有当维修人员实在没有任何相关经验时，描述这些技术原理才会显得重要。企业的官方管理流程也是如此，只有在问题情境中才有必要弄清这些流程。这里之所以被称为"工作过程知识"，原因有两条：①此类知识的内容是针对工作过程的；②受过良好教育的优秀技术工人的此类知识既不是简单的工作经验，也无法从科学理论中推导出来(见图2-1)。

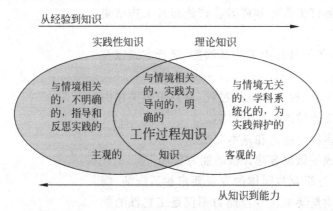

图2-1 实践性知识与理论知识的关系
(Fischer 2000)

工作过程知识在很大程度上是隐性知识，获得工作过程知识的途径是目前国际工业心理学、职业学、职业教学论以及专家智能研究(expertise research)的重要议题。诺依威格(G. S. Neuweg)发展建立起了一套隐性知识理论，为研究工作过程中的学习提供了启示。他引用英国学者哲学家Polanyi的观点反驳传统的知性论对职业能力形成过程的解释。知性论认为,人根据计划好的或已有知识进行智力行为,这些知识在行动中会被程序化。诺依威格认为,如果真是这样,那么对知识一般化行动就发生在认知之前了,这显然是荒唐的。他认为把知识与能力分开犯了范畴性错误。事实上,当行动者被要求描述其某一行动的知识基础时,他常常会用解释方式复述知识。另外一个是 Polanyi 的著名例子:人们可以找到骑自行车时保持平衡的物理学定律,甚至可以说在骑自行车时必须遵循这一定律,但是几乎没有人通过运用这一定律学会骑自行车(Neuweg 2005)。

专业技术人员有效开展工作所需要的专业能力,其基础在很大程度上是实践性知识,这些主观性的实践知识的内容远远超出了企业常规或个人工作经验的积累。经验性的知识需要确认、编码甚至创造。职业教育研究的一个重要任务,就是在新的技术和社会要求条件下(如新材料、新技术和新工具等)总结出职业实践中的新的学习方法(Böhle 1995)。专业能力中的专业知识,是由职业工作中所需要的实践知识和理论知识组成的。而实践知识通常只能通过在工作过程中学习。例如,要想了解企业设备和采用材料的特点,只能在企业生产中实现,学校教育通常很少涉及也无法传授这些知识。实践知识的特点如表 2-2 所示。

表 2-2　实践知识的特点

敏感性	随着经验的增加,逐渐具备对典型工作情境中的细微差别的感知和评价能力
背景性	职业实践共同体成员的工作经验增多,可建立起相似的行动模式和价值观,可以实现无法用言语表达的沟通与理解
情境性	只有了解起源,才可以主观感知工作情境。由经验得出的假设、观点和期望,终将汇入已有的情境性行动中,并设计出具有细微差别的行动方案
范式性	只有那些针对新问题、对原有行动方案和行为方式提出质疑并能产生新方案的工作任务,才是具有"范式"意义的"发展性任务"(developmental task)
可交流性	在实践共同体中交流的事物,具有高度一致的主观意愿。只有共同体内成员才能理解与情境相关的语言并进行有效交流
前瞻性	完成不可预知结果的任务的基础是不完整的知识(知识缺陷),并由此发展"元能力",从而完成没有标准答案的任务

资料来源:Rauner 2004,19

在从经验到知识的能力发展进程中,人们应当努力去感知、理解和把握这些知识,否则将很难真正实现人的全面发展,尽管这里会存在很多障碍。如工作过程中的实际学习机会常常会受到限制,或企业缺乏相应的岗位学习促进手段等。同样,在从理论知识到能力的发展进程中也是如此,因为理论知识必须在具体的工作情境中与实践行动相结合,而理论知识常常不涉及或很少涉及具体的职业工作。

2. 关于专业技能

对技术工人来说,熟练的技能技巧对完成工作任务具有重要的意义。技能是完成复杂工作任务时自动发生作用的非独立因素。它通过远离意识层面上的反馈过程产生作用,释放了人们受限制的意识层面的理解力。瑞士和德国的经验证明,直接创造价值的技术工人及其"手艺"对一个行业的发展不可或缺。例如在现代制造业中,技师的手工劳动仍然重要,如掌握模具制造最后一道手工工艺的技师在劳动市场上备受欢迎。正是他们在生产中的高超技能性工作,保持了瑞士和德国这类高工资国家在高端装备制造领域极强的竞争力。

但是,在职业教育的发展和改革过程中,人们对技能和技能培训的态度也在发生变化。与中国大力加强技能培训的做法不同,德国在1996年文教部长联席会议《关于学习领域课程框架计划指南》(以下简称《指南》)中,技能还是一个课程目标,但是在1999年修订后的《指南》中,技能就不再那么重要了。人们不再特别关注技能,因为认为很多技能是简单的行为反应或孤立的行为,可以通过自动化设备替代,可以通过"教育过程中"的附带练习实现。即使在传统的泰勒生产模式和分工精细的劳动组织方式中,技能也不再那么重要,最多也只是与其他事务性的工作同等重要。对综合而全面的工作和学习过程来说,技能和"被加工过的想法"仅仅是职业教育的"附属产品",重复性和机械化的技能技巧训练的教育价值就更低了。

在有关专业能力的讨论中,有一个重要的关注点是顾客导向。当前,全球市场正从卖方市场向以客户为导向的买方市场转变,客户的要求不断提高。对很多行业来说,提高客户满意度具有越来越重要的意义,甚至决定了企业的成败。提高客户满意度不能只通过提高产品质量,而且要通过提高服务质量实现,这正是全面质量管理(TQM)的目标。专业能力研究的另一个关注点是可持续发展。除了"经济性"这一传统的专业能力要素外,对生态环境负责和可持续发展意识也非常重要。它与经济性标准是互补而不是对立的(Simon,Homburg 1995)。

按照领域特殊性原则,专业能力在一定程度上也是下文所述其他能力的基础,如反思性的行为在没有专业知识技能的情况下是不可能发生的。

(二)方法能力

方法能力指针对工作任务,独立制定解决问题的方案并实施的意愿和本领,它强调解决问题的目标针对性、计划性和获得成果的程序性。在工作世界里,方法能力常常表现为获取新知识、新技能的能力,如针对给定的工作任务,在复杂的学习和工作过程中搜集和加工信息、独立寻找解决问题的途径,并把已获得的知识、技能和经验运用到新的实践中等。方法能力还包括产品质量的自我控制和管理以及工作评价,通过对自己的行为和由此带来的后果做出评价并且为潜在的行为承担后果。方法能力强调在实践和理论层面有计划地解决职业和社会性难题的整个过程,强调解决新出现的问题的迁移性(Wilsdorf 1991,43;Metzger,Seitz,Eberle 2000)。

在当今这一知识爆炸的社会,科学技术日新月异,专业技术知识很快就会过时和老化。教育的任务是帮助学生为其在现代生活中唯一不变的事情做好准备,这就是不断变化的世界。教育不仅仅是让学生针对现有或熟悉的问题给出答案,更重要的是要让学生独自提出新的问题,并尝试找出全面而恰当的解决方案。这里的关键是"学会学习",即使学习者具备自我控制、终身学习的意愿和能力。

方法能力是职业行动能力的一个维度,它不是抽象的,也不完全独立,而是包含在专业能力和社会能力等维度中的成分,并将专业能力和社会能力联系在一起(Krapp,Weidenmann 2001)。我们没有必要对这些能力维度进行严格的区分,这既不可行,在教育理论和发展理论上也是不合适的,因为这样会破坏人格的统一。更多的时候,人们只有将专业能力与其他方面的能力有效结合在一起才能获得成功(Fink 2003,43)。方法能力不仅表现在职业工作中,也表现在个人生活和社会生活中,如个人对家庭、职业和公共生活中的发展机遇、要求和限制做出的解释、思考和评判,以及开发自己的智力和设计发展道路的愿望(Achtenhagen,Lempert 2000)。因此,方法能力是人的基本发展能力。

方法能力的发展主要是通过社会性学习实现的,在此,经验性学习具有重要的意义。事实上,真正的"职业教育"并不局限在具体职业情境中的经验学习上,而要培养学生在未来生活和行动中所需的全部能力。因此,作为"在社会发展中的关键能力"的组成部分,方法能力十分重要,它既是学习者主体性要求的反映,也是反对"学习的过渡功能化和功利化趋向"应对措施(Dehnbostel,Novak 2000)。

有关方法能力的讨论常常会涉及其他一些概念,如学习能力、认知能力和元认知等。

学习能力是独立或同他人合作理解有关事实的信息及其相互之间的关系,并加以评判,在思想上进行加工整理的能力和意愿,包括学习者积累的学习技巧,以及根据学习目标、学习现状和学习基础恰当运用这些技巧的能力。与前文的方法能力类似,学习能力也包括职业外的学习技巧和策略,以及在继续教育中对此加以运用的能力和意愿(Pätzold 1992)。从横向分类看,学习能力对其他维度的能力很重要,它几乎涉及人类社会的所有能力领域;从纵向发展看,学习意愿和学习能力的提高,可以促进人的进一步发展并提高终身学习的意愿,它与终身学习理念有密切的联系。

认知能力也是一个相关的重要概念。认知能力强的学习者可以进行深入地思考,能够解决不断变化的难题,有经过自我组织的知识;他们能为自己设定目标、进行准确地观察、利用不同的信息源、深入理解和挖掘多种解决方案的途径、制订并遵循计划,并且拥有一系列完整、丰富的策略(Beck 2002)。

元认知或元学习(Meta-Lernen)是关于认知的认知,指人们对自身认知系统的认知,是在学习和思考中组织和控制现存的、必需或有用的知识、技能和想法,找出战略性的解决方案,并通过行动实现之。在学习过程中,元认知性的思考通过两种方式表达:一是全面思考人们所知道的;二是全面思考人们在学习过程中所组织的。元认知能力也表现在学习者对自己的学习过程进行监控的能力。如果能有效激活对学习的自我监控,学习就会变得轻松,因此促进学生元认知能力的发展具有重要的意义（Gage，Berliner 1996，321）。但是元认知能力不是一个独立的能力维度，而是关于一系列或由不同能力组成的能力等级体系。

具备较强方法能力的人，在其职业生涯和社会生活中能够表现出一些共同的特征，如独立性和创造性等。

"独立性"是现代教育思想的重要体现，所有教学过程都应当围绕着培养学生独立工作和生活的能力展开。根据设计导向的教育思想，现代职业教育应当从"适应性教育"转变为"设计性教育"，从消极的视角转变为积极的视角，这在发挥个人潜能和促进全面发展方面迈出了重要的一步。在教学中，学生通过自己确定目标，制定、整理、修改和监控工作流程并给出评判来发展职业行动能力，通过自我组织的知识和经验解决在陌生环境出现的新的问题（Laur-Ernst 2001，332）。具有独立性的行为有一些共同的特征，如自决的行为或职业自治行为和批判性行为，只有这样才能实现"职业成熟"（Lempert 2008）。

方法能力是用于解决问题的，因此创新或创造性也是方法能力的一个重要特点。所谓创新，是在某些方面发生的更新、改变或提高。这不仅发生在技术领域，也发生在管理和经济等其他领域。目前学术界对创新并没有统一的定义。在经济学文献中，人们一般从两个方面理解创新：一是结果导向的定义方式，主要关注更新的结果；二是过程导向的定义方式，主要关注创新从产生到付诸实践的全过程。对创新进行评价的最重要的标准，是新产品（或流程等）的新颖程度。创新过程分三个阶段，即产生想法、挑选想法（特别是接受想法）和实现想法。但是在创新实践中有时很难严格区分这三个阶段，每一个阶段也不一定单独存在，更多时候是这些阶段不仅在内容上相互联系，而且在实践过程中也相互衔接和重叠（Wingens 1998）。

（三）社会能力

社会能力是与他人交往、合作、共同生活和工作的能力，是经历和构建社会关系、感受和理解他人的奉献和冲突、懂得互相理解，并负责任地与他人相处的意愿和本领，包括社会责任感和团结意识等。在实践中，社会能力体现在工作中的人际交流（伙伴式的交流、利益冲突处理）、公共关系（与同龄人相处、小组工作中的合作、交流与协商、批评与自我批评)和工作组织(机构组织、生产作业组织、劳动安全)等方面,与群体意识和社会责任心也有关。

高素质的应用和技能型人才应当认识企业和学校的社会结构,认识到工作中互相合作的必要性,同时又具备这种意愿和能力。他们应当能够纵观全局,对自己的社会行为进行反思和批判,在团队工作中贯彻自己想法的同时,帮助、宽容和尊重他人。社会能力既是基本生存能力,又是基本发展能力,是劳动者在职业活动中,特别是在一个开放的社会生活中必须具备的基本素质。社会能力是专业能力和方法能力的补充和保障。

社会能力无法通过传授方式或灌输式的教学获得,只能在行动导向的团队合作过程中习得。如在质量控制小组中,大家在专业讨论中经历解决问题的过程,通过高水平的自我控制,在平等参与的交流情境中发展处理与领导、同事、客户和供应商间各种问题的能力和意愿(Wilsdorf 1991,43)。

有关社会能力的研究有很多理论,如行为结构理论(Krapp, Weidenmann 2001,644)等,在相关讨论中还有一些常用的概念,如交流与沟通能力、语言表达能力和跨文化的能力等。

交流与沟通。交流与沟通能力是人们表达内心感觉差异的能力,职业化的交流常常需要使用行业和企业的专业语言。在交流过程中,有一些专门手段可以帮助人们相互理解,把想要表达的信息传递出去,将获得的信息进行解码并给出合适的反映。使用多种有效的交流辅助手段,是成功交流的重要条件。有效的交流与沟通需要交流者首先对自己的内心世界有深入了解,并有勇气将自己展示给外界。随着大家对建构主义理论的逐渐接受,和对知识的社会性的理解,社会交流已经被视为专业学习中反思过程的重要手段。

语言表达能力。现代职场需要有全局思考能力的、负责任、有批判性和有合作精神的员工,因此必须向员工传授社会层面的观点和思想,让员工熟悉自己和同伴的社会角色,在此,语言表达能力起着重要的作用。职业教育中,教师应当找到或创设能够促进相互交流和有交流价值的职业情境,为学生提供合作和互相影响的机会,并认可这种交流型学习,由此提高学生在职业或个人生活中进行恰当交流的能力和意愿。

跨文化能力。在现代社会中,一个企业的员工往往来自五湖四海,具有不同的社会文化背景,跨文化能力能够帮助员工了解不同文化的差异，从而改善工作的社会环境和提高工作效率。只有知道自己的文化根基，了解和理解文化的多样性，才能恰当地处理好文化差异问题。如果缺少跨文化的能力，员工就会缺乏必要的"对话能力"，他自己的文化价值观也很难被其他人所感知和认真对待（Kenner 2004）。

人们通过社会能力在社会关系中生存，并共同构建社会关系，因此还要明白为什么会有奉献和社会冲突，为什么要理性和负责任地同他人交往和沟通。懂得互相理解，提高团结意识，肩负起社会责任感也是社会能力的重要内容（Sloane，Twardy，Busfeld 2004）。

（四）个性能力等其他方面的能力

从以上讨论可以看出，对能力的划分和归类方式似乎是随心所欲的。例如，我们既可以把独立性划归到专业能力中，也可把自觉性行为划归到社会能力中，还可以把反思性行为归到方法能力范畴中，这些归类方式存在着明显的交叉。又如，我们几乎无法区分团队能力和合作能力，因为这两个概念联系紧密，并没有排他性。

由于"能力"并不是一个客观事物，而是人的主观心理特征，因此我们不可能对不同的能力范畴进行精确地划分。事实上，对能力类型进行的各种划分仅仅是用来讨论问题的，凡是有助于讨论问题的归类方式我们都是可以接受的。必须承认的事实是，对能力的划分肯定不会全面，通过列举具体行为方式也不可能全面反映能力的实质，我们只需选择大家常用的概念和表达方式来讨论共同关心的问题就行了，而没有必要，也不可能提出全面而唯一的划分方式（Lenzen 1997）。

除了常见的能力维度划分方式外，最近德国职业教育界又常常将"个性能力"作为一个独立维度来讨论。个性能力是指个体在工作任务或者工作小组中得到发展，发挥自身才能和动机以及提高工作效率的能力和意愿，是对在家庭、职场或者公共生活中出现的发展机会、要求或限制做出解释、深入思考并加以评判，拓展自己的才能且不断进步的意愿和本领。个性能力包括个人的品质，如独立性、批判能力、自信心和责任心等，也包括价值观的发展和对自我价值的承诺（Rösch 1990）。对个性能力的认识与前文"基于一般个性特征的能力观"基本类似。

事实上，对个性能力进行科学的讨论是非常困难的，不管是在心理学、教育学还是伦理学领域,均没有被大家一致接受的观点。由于职业领域不同,不同的行为方式对不同职业领域的意义和重要性都是不同的。因此,人们更多是讨论一些"工作美德",如勤奋、可信、整洁、精确性、吃苦耐劳、忠诚、领悟、准时、勤劳和责任心等(Rösch 1990,17)。

目前在谈到个性能力时,人们常常会关注以下方面的特点。

独立性和责任心。现代社会和企业需要能对自己行为负责任的专业人员,因此责任心是职业人才重要的功能外能力,也是与专业能力有关的一个基本要素。有个性能力的人,是指那些对自己建立了一个现实的自我形象,能说服自己做出合理行为以及准备承担社会责任的人(Metzger,Seitz,Eberle 2000)。只有思想上认识到独立和责任是不够的,还必须贯彻在独立的行动中。因此,在职业教育中要培养学生独立思考和解决问题的能力,将"毫无思想的做法"(凯兴斯泰纳),以及未经斟酌的、机械的、盲目的、僵化的、不可理解的行为训练,变成经过思考的、有预见、可理解和可论证的行动。促进独立性发展的实践性学习是行动导向学习的重要特点,它可以加强学生的自我价值感并拓展其人格,对自身行动的可能性做出现实的评估。独立的行动是自决性行为,是在给定条件下做出的对自己负责任的行为。学生的独立性有助于发展其责任心,因为大部分不可逆的行为后果对学生来说有很重要的意义,也就是说,学生自己做出计划和进行更正具有重要的意义。他们会由此认识到,对产品和生产流程不加反思地处理会导致有缺陷的产品、不合理的材料和时间投入,认识到负责任的行为是成功的职业活动最重要的前提。

批判性。职业教育不仅要向学生传授现有的科学技术知识,创新能力的发展也很重要。现代职场需要具有批判能力的专业人员,即具备对企业实际状况合理地、建设性地做出反应的能力和意愿。具备批判性这一特征,在扁平化管理和柔性生产等现代生产组织方式中具有非常重要的意义。在知识化企业中,积极和建设性地完成上级交给的工作任务,在工作中运用所获得专业知识并且及时维护这些知识,适时辨别并维护自身的利益(如健康保护),同时尊重他人的权利并关注自身行为的必要性、意愿和能力。批判性是创新能力的基础,这不是小题大做的批评、狂妄的大话、发牢骚或吹毛求疵,也不是一味破坏原来的东西,而是有责任和建设性的批判和建构。需要注意的是：专业知识技能是提出建设性批判意见和建议的前提。只有专业的、负责任的、有权威和有能力的人才有能力开展有价值的批判性行为。在西方语言中，能力的概念中本身就包含理解的意思，即经过了吸收和整理过程。这就是说，只有理解明白了事物的人，才有能力去批判。

反思性。反思是指自觉地、批判性和负责任地估测，在经验和知识基础之上对自己行为进行评价，在工作中探究工作过程的组织、行动过程和行为选择，并将其同自己的经验和行动知识建立起联系。反思性行动是对工作任务的准备、实施和监控、工作结构和工作环境等做出反思，包括对自身的反思，即认识自己的错误和欠缺并接受批评，增强对自己角色的敏感度，更好地感知自身和陌生环境。反思性的经验学习是全面的、对话性的和自我组织的学习，是促进能力发展的关键（Erpenbeck，Heyse 1999）。

反思是人类生存和发展的起点，反思和自我评估是人类活动各个环节中最根本的因素。我们总是在实践经验的基础上，不断验证和改善着自己的行为方式和工作方法，不断完善技能，通过它们不断强化对环境的影响，并改善采用这些技能取得的效果。自我评价或反思是学习能力的重要组成部分，也是人类同人类经验之间的基本关系过程。杜威指出，反思性思考是"积极、持续并且对任何相信或能够找到支持它的知识的假设形式的认真思考及其趋向的更深入的结论"（Dewey 1933）。反思是职业知识和职业实践的基本组成要素，是决策的前提条件。其中，"对职业行为的反思"和"在职业行为中的反思"有少许区别，对过去和当前行为的反思也不完全相同。尽管存在细微差别，但是大家普遍认为，反思包含对已有经验不断更新的全面思考，其结果是伴随视角变化和实践行为的改善。除了反思的认知角度外，特别是在企业学习领域，反思的社会性也值得关注。

第三章 行动导向的教学方法

从理论上讲,"行动导向"与"知识导向"教学并不是绝对对立的,因此也很难讲有绝对的行动导向教学方法。在行动导向教学中,一般会综合运用多种教学方法,许多传统的教学方法仍然行之有效。这里最重要的是:要留给学生尝试新的行动方式的实践空间。

按照教学方法的复杂程度,行动导向教学可以分为三个层次。

第一,实验导向的教学。主要过程为制订实验计划、进行实验和检验评价结果,目的是解决实际技术问题,适合实现较为单一的学习目标。

第二,问题导向的教学。主要过程为厘清问题实质、确定结构、解决问题和实际应用结果,目的是培养技术思维能力,在此会用到一些典型的工具,如头脑风暴法、思维导图(mind-map)和优劣势分析法(SWOT)等。

第三,项目导向的教学。按照完整的行动模式,全面培养学生在技术、社会、经济和政治等方面的能力,促进其创新精神的发展,典型的如项目教学法和引导课文教学法等。

幕德斯(W. Muders)将常见的行动导向教学方法按照自我管理程度及独立性的高低加以排列,见图3-1。

一、项目教学法

项目教学是行动导向学习的基本教学方法。著名教学论学者科拉夫基(W. Klafki)认为,项目教学法与教程法、课题法和实践练习法是四种最基本的教学方法。杜威(J. Dewey)曾经把项目教学与整个学校教育制度的改革结合起来,发展出其民主教育思想。项目教学法目前在中国也常被看作一种课程模式。

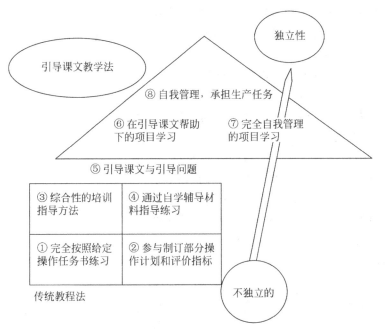

图 3-1　行动导向学习法
（Muders，引自 Arnold，Lipsmaier，Ott 1998）

（一）项目教学法的概念

项目教学法，是师生通过共同实施一个完整的"项目"工作而进行的教学行动。一般的，项目是指计划好的有固定开始时间和结束时间的工作，原则上项目结束后应有一件可以看到的产品。在职业教育中，项目是指以生产一件具体的、具有实际应用价值的产品为目的的工作任务，它应该满足下面的条件。

➤ 该项工作具有一个轮廓清晰的任务说明，工作成果具有一定的应用价值，工作过程可学习一定的教学内容。
➤ 能将某一教学课题的理论知识和实践技能结合在一起。
➤ 与企业实际生产过程或商业经营行动有直接关系。
➤ 学生有独立进行计划工作的机会，在一定的时间范围内可以自行组织、安排自己的学习行为。
➤ 有明确而具体的成果展示。
➤ 学生自己克服处理在项目工作中出现的困难和问题。

> 有一定难度,不仅是已有知识、技能的应用,而且还要求学生运用已有知识,在一定范围内学习新的知识技能,解决过去从未遇到过的实际问题。
> 学习结束时,师生共同评价项目工作成果和学习方法。

以上所列标准是理想的教学项目应具备的条件。事实上在教育实践中,很难找到完全满足这八项标准的教学活动,特别是学生完全独立制订工作计划和自由安排工作形式。但当一个教学活动基本满足大部分要求时,仍可把它作为一个教学项目对待。况且,满足全部条件的教学项目并不一定就能保证教学成功,如学生在制订工作计划时,若目的表述得不够明确或学生犯了错误教师没有进行有效的干涉,都会影响最终效果。我国传统的课程设计教学是项目教学的特例,而且多是不完整的项目教学。图 3-2 是新加坡中职学校学生项目学习的成果。

图 3-2　新加坡中职学校学生项目学习的成果

在项目教学中,一般有一个由学生组成的学习小组,有一项目标明确的特定的工作,他们自己计划并且完成工作,结束时有一个明确的结果。在形式化(formal)的行动结构中,学生学习"解决问题的能力"是首要的教学目标,其突出特点是"学生是项目的发起者和规划者"。项目学习的内容一般是跨学科的问题,也应当是学生感兴趣的问题。项目教学可以把理论与实践教学有机地结合起来,发掘学生的潜能,提高学生解决实际问题的综合能力。为达到这一目标,需要使用不同的辅助工具、媒体和学习形式,学生以不同形式演示其学习成果。作为一种全面学习的方法,杜威认为项目给参与者提供了多种多样行动和体验的可能性;教学就是安排,在这个过程中,学生可以学习与现实生活相关的知识,从而实现全面的学习(Reinmann-Rothmeier,Mandl 1998)。

在传统的教学中,学生多需要独立完成任务。但是随着小组生产方式的推广,企业对员工的合作能力的要求越来越高,人们开始采用项目教学培养学生的社会能力等关键能力,即学生通过共同制订计划、共同或分工完成整个项目。有时参加项目教学学习的学生来自不同的专业和工种,甚至不同的职业领域,目的是发展学生在实际工作中与不同专业、部门合作的能力。目前,教学项目或项目课程在多地得到了推广。中国台湾有学者曾为项目教学总结出以下特征。

> 学生在规定的框架内做决定。
> 拥有事先没有规定解决办法的问题情境。
> 学生自己设计解决问题的过程。
> 学生负责评估与管理他们自己所收集的信息。
> 评估在整个过程中一直发挥作用。
> 学生规则有序地反思他们所做的事情。
> 得出最后的产品(产品不一定是物质形态的)并进行质量评估。
> 课堂形成了包容错误与变化的氛围(Chuang,Tsai 2009)。

在项目教学中,参与项目学习的学生有较大的选择权,这表现在他们可以:决定将要从事的工作内容,规划自己所选择的项目,参与项目评价的规则与标准的定义与制定,独立解决在项目实施过程中所遇到的问题并做某种形式的项目成果展示。项目教学的关键是创设一个设计导向的学习环境,学生通过自我组织、自我管理与自我学习的主动性,建构自己的经验性知识并发展综合职业能力。为了保证这一目标的实现,项目教学需要遵循团队合作的一般原则,如以下几项。

> 在设计和分析工作过程时遵循团队工作的规律。
> 拟定小组或团队工作进程。
> 批判地分析所在小组的工作进程,并将其记录在案。
> 了解和改变小组或团队中的阻力和冲突。

实践表明,通过项目教学,学生可以在小组工作中获得有价值的经验,通过与教师和同学的积极互动,积极探索与所学主题之相关的知识,并发展"主人翁"意识、行动意识,并提高自主学习的能力。

（二）项目教学法的步骤

对于项目教学法的教学过程，克伯渠（W. Kilpatrick）和杜威曾经归纳成了六个基本步骤。

> 教学开始时，找到一个与参与者有关的、显而易见的问题情境。
> 精确地描述与界定问题。以问题的形式提出总的教学目标，以问题、计划与实验的形式提出与教学相关的行动。
> 制订行动计划并确定工作方法。通过制订解决问题的计划，使目标表述得更加精确具体。
> 模拟阶段（simulation phase）。在理智上检测所定策略的可行性，或者通过小型实验检查计划的可实施性。
> 项目计划的实施。按照工作共享原则（principle of job-sharing）实施计划并解决问题，或者生产出实现的产品。
> 结果的实现与利用（参见 Frey 1991）。

按照这种表述，有人把职业教育教学实践中的项目教学分为5个教学阶段，如图3-3所示。

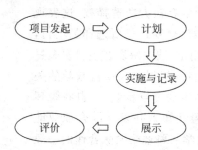

图3-3　项目教学的阶段

第一阶段：确定项目任务。通常由教师提出一个或几个项目任务设想，然后同学生一起讨论，最终确定项目的目标和任务。

第二阶段：制订计划。由学生制订项目工作计划，确定工作步骤和程序，并最终得到教师的认可。

第三阶段：实施计划。学生确定各自在小组中的分工并以小组成员合作的形式，按照已确立的工作步骤和程序工作。

第四阶段：检查评估。先由学生对自己的工作结果进行自我评估，再由教师进行检查评分。师生共同讨论、评判项目工作中出现的问题、学生解决问题的方法以及学习行动的特征。通过对比师生评价结果，找出造成结果差异的原因。

第五阶段：归档或结果应用。项目工作结果应该归档或应用到企业、学校的生产教学实践中。例如，作为项目的维修工作应记入维修保养记录，作为项目的工具制作、软件开发可应用到生产部门或日常生活和学习中。

巴斯蒂安（J. Bastian 1997）和布宁（Bünning 2007）对项目教学的五个教学阶段做了更加详细的描述。

1. 项目的确定

项目教学法的关键是结果的开放性。在提出一个项目设想后，如果可行，首先要清晰地描述这个项目。参与者（教师或学生）要清楚地描述这个项目的任务要求，即项目完成后的可见成果，这是项目工作的基础。这里所描述的项目任务还不是一个经过推敲的项目计划，而只需要罗列一些关键词，内容主要是针对项目任务所商定的工作规则、时间限制、与他人交往原则以及处理生产与自然环境关系的方式等，但不列出详细步骤或详细的产品图。

2. 项目计划

项目计划阶段的目的是：通过勾勒项目的轮廓，使参与者对项目的最终产品有一个清晰的构想。参与者通过表达对其参与活动的意愿、起草时间计划等活动，逐渐明确项目实现的条件，然后进行任务分配。如果需要，他们需要学习必要的知识和技能。在提交的项目计划文本中，应详细说明如何生产制造出预期的产品或提供预期的服务。小组成员通过商量和讨论分配其在项目工作中的角色，发展自己的行动意识和行动能力。与其他教学方法不同的是，在这个阶段如果教师"身体力行"，将不会起到任何积极的作用。

3. 实施和记录

"实施"是项目教学的主要环节，我们无法想象没有实施阶段的项目教学会怎样。在上一个步骤中，项目参与者已经就将要做的事情的内容达成一致。通常项目的实施过程是有计划的，但是在实践中，项目实施过程并不总能按照已有的工作计划严格进行。在项目实施过程中，参与者的思路和能力在不断发生变化，这既可能推动项目的发展，也可能带来一些无法预测的困难，但经常需要针对项目目标对工作方法做一些修改。

在项目实施过程中,有时项目计划不是一蹴而就的,而需要项目参与者在实施过程中进行实时的控制和调整,预先设计好项目的每个细节既不现实,也没有价值。在实施过程中,如果出现重大偏差需要对预设计划进行重大修改时,必须给出令人信服的理由,并且应得到项目组成员的一致同意,否则项目工作就会面临不可控制的风险。对于项目负责人来说这一点非常重要:既不能低估,也不能过分夸大这种风险。

从形式上看,"实施"是整个项目工作中最重要的步骤,但是仅仅有这一步是无法构成一个项目的。恰恰是以前的步骤如计划等,可以阻止盲目行为的发生。在此,应把项目工作同一般例行的"常规性工作"和受外部控制的"程序性活动"区分开来。

4. 成果展示

在项目实施过程中,出于多种原因,需要把项目的重要内容记录下来并进行多种形式的汇报和展示。例如,在建立模拟公司的教学中,教师可以要求不同小组的学生交流各自小组的思路;不同班级或小组可以在不同的地方实施项目,最后一起交流经验和结果。当大家共同审核通过各小组的报告后,就意味着认可其达到了项目目标(包括总的学习目标和具体的单项目标),由此提高了项目工作的能力。

5. 成果评估

项目成果评估是指在项目学习接近尾声时,参与者对整个行动过程进行回顾,将项目学习的成果同项目的预期状态(学习目标)进行比较,在此有时还要在不同学习目标达成情况之间进行比较性的评价和分析,这只需要对所有目标进行一次梳理即可。

以上五点对项目学习的组织实施具有重要的意义,它有助于教师对项目实施过程进行控制和引导,但这本身还不是"元交互"(metainteraction)。所谓的元交互,是指在项目活动中,参与者通过互动发展交互能力和核心能力。元交互在项目学习中具有重要的意义,它有可能使"活动真正成为教育性活动",因为并不是所有的活动都能对学习者起到有效的教育作用。例如,机械性的操作和简单的程序训练,不但不会促进学习者认知能力的发展,反而有可能导致学习者对大量学习机会视而不见,从而始终处于学习的盲区中。在项目教学中,应当有意识地预先考虑"规律性和系统化的元交流"(Rösch 1990)。

(三) 采用项目教学法的条件

要想进行有效的项目教学,学生、教师、教学环境和教学组织等都需要满足一系列的要求。

1. 学生

学生应该具有一定的独立学习能力,具备团队工作的意愿和基本经验。在此,学生的学习习惯、学习方式(学生的自主权、参与程度等)、自我管理能力起着重要的作用。学生学习小组的内部结构、团队分工与协作方式也会影响学习效果。

2. 教师

教师应具备相应的教学理念以及专业能力和教学能力,如教学项目的设计能力和项目学习的组织能力。教师应适应自己的角色转变,即从传统的知识传授转变为学习顾问。教师应主动放弃教学过程中的"垄断地位",善于退居到幕后为学生提供帮助,有时甚至要"忍住"不对学生的学习活动进行过多干预。在项目学习中,知识结构松散,活动偶发因素较多,这对教师的教学方法、应变能力和项目管理水平均提出了更高的要求。

3. 教学条件

项目教学需要在设施设备条件、班级容量和指导教师配备等方面进行合理的考量。在传统的班级教室中一般很难开展项目教学,因为不管学生的学习动机和行动意识有多么强烈,它为学生提供的物理空间总是按照"以教师为中心"的逻辑建立的,学生的行动受到很大限制。研究表明,学习行为受(室内)空间设计的影响很大,而开放的教学环境最有利于非正式学习的发生(Frey 2002)。项目教学需要理论实践一体化的教学场所,即按照职业的典型工作任务的要求建立的(尽量)真实工作环境。在此,学生使用专业化的工具,通过合作与沟通完成具体的工作任务,取得特定的工作成果,并学习到相应的专业知识和技能,获得必要的工作经验。

4. 外部社会因素

有些项目教学的教学过程需要学生有接触实际工作或社会的机会,这需要学校与企业进行合作教学。

要想开展成功的项目教学,教师在进行教学设计时应仔细考虑以下问题。

> 为什么要进行这次项目教学?它与实现课程总目标有什么关系?它特别能够促进哪些能力的发展?
> 如何编写引导问题,从而激发学生的兴趣并以此减少学生的学习困难。
> 制定项目评价标准。要考虑评价标准与国家的相关标准是否一致。项目评价不仅要关注知识技能的获得,还要关注关键能力的提高;不仅关注学习的结果,而且关注学习的过程。
> 教学设计。包括学情分析和学习内容的分析设计,如分析项目实施过程中的教学和辅导需求、特别的学习支持活动、教学资源和学习辅助手段的设计和提供。
> 项目学习的组织与管理。考虑到项目实施过程中的诸多挑战性问题,应制定相应的应对策略和行动策略。在第一次开展项目教学之前,教师应在主持技术和项目管理方面接受一些专门培训,或者至少要有一些亲身体验。

在项目教学中,由于经验缺乏等原因,教学效果有时会不太理想,如教学内容偏离教学目标;或者学生只是做了项目中的一部分,无法达到全部教学目标的要求;或者课堂教学看起来很热闹,但是距课程的核心内容却很远,等等。要想解决这些问题,需要教师长期的探索、经验积累和交流。

二、引导课文教学法

(一)引导课文教学法的概念

引导课文教学法是诞生于德国的一种系统化的项目教学方法,它借助一种专门的教学文件即"引导课文"(德文为 Leittext),通过工作计划和自行控制工作过程等手段,引导学生独立学习和工作,并最终完成项目学习任务。

"引导课文"是为学生编写的,针对一个复杂工作过程的系统化信息框架,它常常以引导问题的形式出现。"引导问题"是用于引导和控制工作与学习过程的结构化工具。通过引导课文,学生可以建立起工作任务和完成它所需要的知识技能间的关系,清楚完成任务应该通晓什么知识、应具备哪些技能,从而获得对工作任务和工作过程的整体化认识(Pahl 1998;Krapp,Weidenmann 2001)。

作为一种特殊的项目教学法,引导课文教学法为学生提供一个相对复杂的学习任务,学生需要独立,或者通过团队合作以项目方式解决问题。学生借助现有材料和辅助手段,在很大程度上自行学习处理问题所需的理论和实践知识。

通过引导课文的设计,教师可以确定不同的教学组织形式、提供不同形式的教学资源。学生在引导课文帮助下自行计划、实施和控制复杂的工作与学习过程,在学习速度控制、教材使用、学习内容选择和排序等方面有更大的自主决策空间,这不仅可以发展独立性和自我控制的学习能力,而且也可以提高学生的学习动机(Krapp,Weidenmann 2001)。

引导课文教学法是典型的行动导向教学方法,其理论基础同样可以追溯到哈克和弗尔佩特的行动理论和完整的行动模式理论。近30年来,引导课文教学法在德国得到了大范围的推广,有学者甚至评价说,"在职业教育领域,没有任何一个其他方法像引导课文法那样获得这么多的关注,也没有任何一种其他新方法被如此广泛地应用于教育实践中"(Koch,Selka 1991)。

在职业教育实践中,不同职业领域、不同专业采用的引导课文不尽相同。一般来说,引导课文由以下几部分构成。

> 任务描述:多数情况下,任务描述是一个项目的工作任务书,可用文字或者图表等形式表达。
> 引导问题:引导课文常以问题形式出现。按照这些问题,学生可以想象出最终工作成果和完成工作的全过程,能够获取必要的信息,制订工作计划并实施。
> 学习目的描述:学生应知道在什么情况下达成了目标。
> 学习质量监控单:可以帮助学生避免工作的盲目性,保证每一步工作顺利进行。
> 工作计划:学习内容与时间安排。
> 工具与材料需求表。
> 专业信息:为更好地促进学生学习能力的发展,最好不提供现成的信息,而只提供获取信息的渠道。信息的主要来源为专业杂志、文献、技术资料、劳动安全规程、互联网、操作

说明书等。
> 辅导性说明：即在专业文献中找不到有关具体工作过程、质量要求等企业内部经验的说明。

（二）采用引导课文教学法的意义

采用和推广引导课文教学法既有技术和社会发展的现实意义，又有职业教育学的理论价值。

在现代技术和生产组织条件下，很多生产和服务的重大决策是在生产与服务一线的工作过程中做出的，专业技术人员必须具备解决工作中复杂问题的能力，以及计划和决策等关键能力，这仅靠书本知识学习和基本技能训练是不够的，而引导课文教学法可以系统培养这些能力。引导课文教学法的核心是：引导学生从专业手册等学习资源中独立获取和处理专业信息并完成任务，从而获得解决新的、未知问题的能力。

引导课文是促进学生进行自我控制学习的一种途径。在由引导课文建构起来的学习环境中，学习者进行自我控制的学习不但可行，甚至是必需的（Reinmann-Rothmeier, Mandl 1998）。在这种开放性的学习环境中，不同的学习者对相同的学习内容会产生不同的理解和答案，并获得不同的经验。从这个意义上讲，引导课文法本身对学习内容并没有"引导性"，而是对学习过程的引导。

在学习过程中强调完整的行动模式，是引导课文教学法的另一个重要特征（Straka, Macke 2002）。在引导课文引导下的学习，学习者学习对自己的学习和工作负责，正确评估工作的过程和节奏、正确评价自己的技能和知识、合理制订工作计划、执行计划好的工作、独立解决在计划和执行中出现的问题、检查和控制工作结果、评估自己的成功和失败（Pahl 1998）。通过自我开发和研究式的学习，学习者掌握解决实际问题所需的知识技能，从书本抽象描述中建构自己的知识体系，实现了具体的理论与实践的对应和统一。

（三）引导课文教学法的步骤

作为一种特殊的项目教学法，引导课文教学法的步骤与一般的项目教学没有太大区别。按照德国联邦职业教育研究所（BIBB，以下简称德国联邦职教所）和西门子公司合作开发的"以项目和迁移为导向的培训方案"（PETRA），引导课文教学分为六个阶段，即明确任务/获取信息、制订计划、做出决策、实施、检查控制和评价反馈,这就是中国职教界所熟知的"六步法"的原型(见图 3-4)。

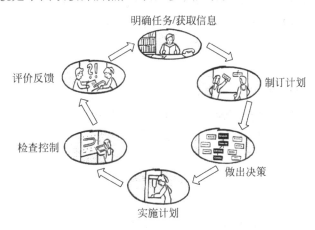

图 3-4 引导课文教学法的步骤

参照德国联邦职教所(BIBB)的解释,六个阶段模型(Pampus 1987)的基本含义如下。

1. 明确任务/获取信息

明确任务/获取信息即明确工作任务和目标,告知学生其学习任务的状况和学习目标,提供(部分)与完成工作任务有直接联系的信息。本阶段的重点是明确问题情境(problem situation),即描绘出工作目标、弄清存在的困难以及为达到目标所需做的工作、条件和应当满足的要求。学生独自或以组为单位处理实施所需的信息,他们可以使用教师提供的教学辅助资源(如引导文、专业书、专业报纸、网络资源和视频等)。引导问题为信息/分析阶段提供支持。

2. 制订计划

根据已经明确的任务设想出工作行动的内容、程序、阶段划分和所需条件。一般情况下,完成任务有多种途径,可按照不同的步骤采用不同的工具和材料。计划阶段的首要任务是根据给定设备和组织条件列出多种可能性。这首先要在大脑中想象出具体的工作过程,这对学生工作经验和专业知识也提出了较高的要求。该阶段的主要任务是确定工作方法和工具,常需要一些教学辅助手段,如张贴板(pin-board)等。

3. 做出决策

做出决策即从计划阶段列出的多种可能性中确定最佳解决途径。这里需要具备科学和理性的决策能力和决策技术。决策往往通过小组的形式集体做出。

4. 实施计划

实施计划即按照所确定的"最佳"解决途径开展工作。在实践中,实施过程与上一步决策的结果常有一定偏差。产生这些偏差并不可怕,关键是应及时观察并记录这些偏差,并在实施过程中做出合理调整,在评价阶段分析产生这些偏差的原因。

5. 检查控制

在实施过程中采用适当的方式对工作过程进行质量控制,以保证得出所期望的结果。本阶段的主要功能在于检查任务是否完成。可通过引导问题检查控制所制成的工件或制订的方案。学生不仅要检验自己在哪些领域存在专业知识、技能和技巧方面的缺陷,而且要通过检查控制问题反思并检验工作中的行动步骤。只有这样,学生才会意识到,独立自主的检查控制对生产过程反思的重要性。值得一提的是:检查控制的评估要在公开、自由的环境下进行,否则学生会面临很大的成绩压力。

6. 评价反馈

评价反馈即从技术、经济、社会、道德和思维发展等多方面对工作过程和工作成果进行全面评价。评价的目的不仅仅是找到缺陷,更重要的是找到产生缺陷的原因,并做出相应的修正。教师根据学习成果和相应的评价表与学生进行对话,总结经验教训,提醒学生下次应注意的方面。评价的重点不是评定学生的成绩,而是帮助学生从中吸取教训,回答"下次应在哪些方面提高"的问题。

培养学生的独立工作能力是引导课文教学法的出发点。在此,教师的行动局限在准备和收尾阶段,而不是在整个教学过程中,学生可以团队合作,也可以独立行动。教师的角色转换,意味着教师不进行明显而直接的外部控制,这对教师的工作提出了更高的要求,也意味着对传统课堂教学的挑战。与传统的教学相比,引导课文法花费时间较多,但学习效果显著改善。重要的是,在传统教学中,学生往往不知道学习内容在实际工作中有什么作用,引导课文法可以很好地解决这一问题,从而调动学生的学习积极性。

(四)采用引导课文教学法的条件

总的来说,采用引导课文教学法需要满足的条件与项目教学法基本相同,主要是学习者应具备一定的独立工作能力和自我控制学习的经验,具有与课题有关的基础知识,有能力回答引导问题,这样才能在相关信息和学习辅助材料的帮助下完成学习任务,并取得所期望的学习成果。

与传统的教学方法相比,采用引导课文教学法要求教师做更多的准备工作。教师必须准备大量学习材料,如用于学习新知识和制订工作计划等的引导课文、经过教学处理的学习资源、检查评价时用的题目和表格等。在整个教学过程中,教师从课堂的主导者转变成了不明显的外部控制者,成为学习顾问,他们要为学生的学习活动及时提供有针对性的咨询和指导,这对引导课文教学法的成功起着决定性的作用。实践发现,有时学生甚至乐意接受教师准备得不是特别成熟的引导课文。因此,可以鼓励学习者参加教师的信息搜集和引导课文开发工作,鼓励学生做出自己的补充、完善和更新,更能提高学生的学习积极性和学习能力(Pahl 1998)。

引导课文教学法需要一定的设备设施、材料和场地条件,这意味学校需要投入更多的人力、物力和财力建设新的教学环境。

三、角色扮演教学法

(一)角色扮演法的概念

角色扮演法是一种较早建立并得到普遍使用的教学方法,它广泛应用在社会学、管理学、心理学和教育学等领域。"角色"一词,本来指戏剧舞台上由演员扮演的剧中人物。1935年,美国社会学家米德(G. H. Mead)将角色概念引入社会学领域,后来逐渐发展成为角色扮演理论。角色扮演理论认为:个人通过扮演他人的角色(角色扮演),获得运用和解释有意义的行为的能力,从而了解社会的各种行为习惯和规范,并最终实现自我的社会化。

美国心理学家班杜拉(A. Bandura)的社会学习理论是角色扮

演用于人的行为塑造的理论基础。社会学习理论认为,人的社会行为是通过"观察学习"获得的。在观察学习的过程中,人们不需要奖励或强化,甚至也不需要参加社会实践,而只要通过对榜样的观察,就可学习到新的行为方式。这是一种"无偿式学习",即通过形成一定的行为表象指导自己的操作和行动。

在职业教育中,角色扮演法通过模拟的情境活动,将学习者暂时置身于职业人的社会位置或社会角色,并按照这一位置或角色所要求的方式和态度行事,从而增强对职业角色和自身的理解,学会有效履行未来职业角色的心理与行动技术。角色扮演法的学习内容既可以针对"一般社会性问题",也可以针对专门的"职业性问题"。典型的"一般社会性问题"如人际冲突(揭示人与人之间的冲突)、群际关系(群体间冲突的谈判、协商、妥协)、个人两难问题、历史或当代现实议题;典型的"职业性问题"如处理商业纠纷、服务接待中的突发事件等。

(二)角色扮演法的特点

角色扮演法有以下基本特点。

1. 角色的模拟性

模拟是对知识进行组织的重要工具。角色扮演法是对个人情境的模仿,它模仿一个角色所认可的观点、应有的态度以及可了解的知识,并因此成为组织知识的手段。在通过角色扮演建立的互动过程中,知识也获得了发展(Roehl 2000)。换而言之,在角色扮演学习中,传统课堂教学中知识组织的最重要的对象"学科知识"被"角色"取代。在此,"角色"的选择不是随意的。通过角色扮演,不但可以完成特定的专业教学任务,而且可以帮助学习者建立起与职业(专业)相对应的社会角色、职业角色,或使其与未来可能承担的角色建立起紧密的联系。学习者通过对特定"角色"的模仿、扮演与观察,获得与职业相关的知识、情感、态度和技巧,因此,角色扮演中的"角色"具有丰富的内涵。

2. 角色的灵活性与可建构性

在角色扮演中,行动的准则是一个在想象的情境中被以不同方式和程度定义的角色。角色扮演有两种方式,即"特定角色的角色扮演"和"开放的角色扮演"。在"特定角色的角色扮演"中,要事先精确而广泛地规定好行动方式,分配好角色;但在"开放的角色扮演"过程中,对所选择的行动并没有明确规定,这里更加关注灵活而富有创造性和建设性地分配角色(Meyer 2000,357)。

角色建构的创造性既依赖个体对角色内涵的理解和把握,也与团队合作与分工以及教学的需要相关。必要时,教师可以打断角色扮演过程,要求作为参与者与观察者的学生进行解释和反思,解释为什么用这种方式而不是其他方式进行模仿,从而反思角色所表达的内涵的合理性和适切性。

例如,在角色扮演中,"领导"可以与其"下级员工"在谈话中解释其行为,或在发生冲突时尝试一种新的谈话技巧。这里的"领导"和"员工"角色与真实情景中的"领导"和"员工"角色有完全不同的意义。它让学生在一定的限制条件下,从"上级领导"与"员工"的角度分别去组织知识、练习沟通技巧,更重要的是为学生发展知识、提高沟通技巧提供了可能(Holling,Liepmann 2004)。这里的角色既是"真实的"(从学生对角色理解角度而言),也是可建构的,而且也需要建构。

3. 趣味性

引发学生对一个事物产生兴趣的最好办法,是通过表演或模仿。角色扮演可以激发学生参与学习过程的兴趣。角色扮演是一个练习过程,学生在这个过程中承担一定角色,并参与这些角色的活动。例如,学生扮演一个个体经营者(进城摆摊的农民或消费者)或企业家,出版自己的报纸,设计、制作和推销新产品,或者创立、经营一家茶馆等。相对于传统的课程,学生往往会对角色扮演表现出浓厚的兴趣,沉浸在小组或个人对真实职业活动的体验与建构中。有创造性的教师愿意从一个"知识传播者"变为一个"导演",与学生一起构建对职业内涵的理解,乐于通过"角色"这一特定载体,帮助学生建构自己对专业知识和职业的认识,通过学生在扮演和模仿中发现一个个"惊喜"这样一种开放、自由和民主的方式,将学习的乐趣重新还给学生。

4. 更高的认知和情感要求

和表演法(详见下文)一样,角色扮演法在认知和情感方面对学生提出了较高的要求,但两者有明显的差别。角色扮演法重视对具体职业角色的体验和深入挖掘;而表演法重视对事件过程或组织系统的模拟,即这里的"角色"是不同的。"角色"是角色扮演法的核心概念,是采用角色扮演教学法组织知识的主要原则。它将个人置身于特定的职业角色和社会地位中,要求学生按照这一位置所要求的方式和态度行事,从而增进学生对特定职业角色和社会地位的深入理解,掌握未来有效履行职业角色的心理技术。

(三) 角色扮演法的目标

通过角色扮演法,可以实现以下教育性目标。

1. 体验新的社会行为方式

角色扮演法是在模拟职业活动条件下(没有时间压力,没有承担失败后果的风险)检验新的社会行为方式,或练习社交技巧。学生作为参与者(演员)或观察者,共同投身到一个真实或模拟的问题情境中,通过实际行动,学习处理实际问题的方式方法,并体会不同行动方式的后果,感悟职业角色的内涵,体验职业道德与情感,建立职业认同感与归属感。教师在此承担"导演"任务。成功的角色扮演的一个重要条件是:参与者公开、认真、合作式地做好准备工作,否则将大大降低成功的几率。

2. 反思自己的行为

学生研读和反思被记录下的自己的行为(可以文字、录像等多种方式),会得到新的见解。细致的、有建设性的反馈,有利于学生思想和行为的转变。通过观察其他角色扮演者的行为,参与者可以获得有价值的启发,如注意并感受不同的策略和行为方式,以及这些行为方式产生的后果(Holling,Liepmann 2004)。

3. 提高学生的内在动机

角色扮演可以提高学生的内在动机,促进其个性的发展。内在动机是相对外在动机(如奖赏和报酬等外部事件引发的动机)而言的,指学生针对学习活动本身的动机。在角色扮演中,学习活动能使学生得到情绪上的满足,从而产生满足感与成就感。心理学研究发现,兴趣能激发学生做事的欲望,而胜任力则可以促使学生接受具有挑战性的任务。角色扮演过程是一个生动活泼、具有内在吸引力的知识学习与知识组织过程。它通过学生的参与和观察,动用学生的全部感官,激发学生的兴趣,吸引学生的注意力,为学生提供了学习和个性发展的机会和内在推动力。它在没有外部奖赏和环境压力的情况下,在宽松、自由、民主、交流、互动和团队合作的氛围中,激发学生的能动性,构建学生对特定职业角色的个性化理解与行为表达,锻炼和发展其技能和能力,从而达到胜任特定职业角色的目的。

(四) 角色扮演法的形式

角色扮演法有多种表现形式,在此介绍两种按照不同职业角色进行的角色扮演形式。

1. 与客户进行专业交流

(1) 从职业活动角度看待与客户进行专业交流的重要性

技术和社会发展对专业技术人员提出了越来越高的要求。为顾客提供个性化的专业技术服务,承担(部分)销售和客户咨询工作,成为很多专业技术人员的重要职责。在很多技术服务行业,"与客户进行深入和有效的专业交流和沟通",成为高素质专业技术人员不可或缺的能力。例如,在设备维护维修领域,与客户交流通常是一场主题明确的专业谈话。技术人员或客户经理常常有一些专门的沟通指南。通过重点突出、符合客户要求的谈话,维修人员可以全面了解客户的想法和要求,并得到更多有关待维修设备的信息,从而保证维修工作的有效进行。对这些技术人员来说,专业知识和与客户交流积累的经验非常重要,他还必须把专业知识与方法能力和社会能力进行有效的结合(Pahl 1998)。

(2) 与客户进行专业交流的目标

开展与客户的专业交流的目的,是满足客户对产品和服务等多方面的要求,这并不是一件容易的事。有的客户甚至抱怨道,"那些所谓的客户专员总是给我们提供一些错误的信息或曲解我们的意思……无论是脾气温和的、专业自信的,还是坚持视顾客为上帝的,都未必能做到使消费者对技术服务人员产生完全的信任感"(Pahl 1998,377)。作为一种行动导向的学习方法,"与客户进行专业交流"让学生分别扮演客户和技术服务者的角色,培养学生的综合技术服务能力。在此,学生不仅可以获得大量在企业工作中所需要的专业知识,而且也可以促进学生跨专业能力的发展,如交流沟通能力和职业道德等,从而为将来灵活、高效地满足客户要求,全面解决客户的难题奠定基础(Reglin,Schöpf 2007),参见图 3-5。

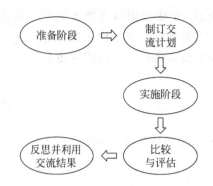

图 3-5 与客户进行专业交流的流程

(3) 与客户专业交流的步骤

作为一种角色扮演方法,与客户进行专业交流的准备工作应当充分而灵活。教师可以有针对性地设计一些针对客户要求的问题,并给出不完整或者不充分的答案,形成《交流指南》,由此指导学生的交流,并降低学生的学习难度。

在与客户的对话交流过程中,学生应积极、妥善地利用"客户"(可以是学生扮演的,也可以是真的客户)的反映,获悉客户的具体要求和问题,按照客户要求提供专业化的建议。在此,应避免专业误导,或提供过量信息而"骚扰客户",从而最终赢得客户的信任(Reglin, Schöpf 2007)。与客户进行专业交流的过程分以下几个阶段。

① 准备阶段。教师给学生设定一个工作情境,如要求学生针对一款新产品向一位潜在客户提供咨询,潜在客户(可以是真实的,也可以由其他学生扮演)表达自己的想法和意愿。收集学生对交流过程的不同想法。

② 制订交流计划。通过小组工作方式,一起制订与客户进行专业交流的计划,计划的重点是确定以客户为导向的问题。交流的准备工作应充分而灵活,学生们可以有针对性地设计符合客户要求的问题,给出不完整或不充分的答案形成《交流指南》。来自客户的信息非常重要,他们对产品的要求应在准备好的客户《交流指南》中体现出来。

③ 实施阶段。每组学生作为专业技术服务或咨询人员同客户进行技术谈话。在交流过程中,学生积极、妥当地利用客户的反映,获悉客户的具体要求和问题,按照客户的要求提供专业建议。

④ 比较与评估。将不同的交流活动进行比较。在比较中，学生需用到特定的技术或服务标准，这些标准可能是学习开始时教师提供的，也可以或最好是由学生在教师的指导下开发的。

⑤ 反思并利用交流结果。所有学生一起评价每个学生或小组的专业交流过程，并共同思考，如何把在专业交流中学到的技术知识和工作经验应用到今后的工作和生活情境中。评价的重心不是确定分数的高低，而是发现问题，从而今后能够避免再次出现。

（4）开展客户技术交流的要求

与客户进行技术交流对学生提出了较高的要求。交流顺利进行的前提是明确自己在交流活动中的角色。学生首先必须准确定位，理解角色扮演的内涵。在交流中，学生要学会通用的访谈技巧并积累初步的经验，如倾听、追问、给出专业建议和推销产品等。熟练开展专业交流不是一蹴而就的事情，需要学生不断实践与练习。此外，交流之后的反思也很重要，它能帮助学生较快提高个体的实践能力与服务水平。

教师在教学准备时和在交流过程中，应注意不要对学生提出过于苛刻的要求，应采取合适的方式，针对学生的现有专业能力提供适时的帮助，引导学生逐步提高能力。学生实践能力的提高是一个渐进而缓慢的过程，这不像简单地记忆一个知识点那么容易，教师应对其有足够的理解，有足够的耐心等待学生的发展。教师在教学中还要同时关注学生的专业能力和跨专业能力的协同发展（Pahl 1998）。与客户技术交流的准备工作相对较少，需要的硬件条件也不多，常常只是一个简单的空间。教师的工作重点是选择适合学生进行交流的情境，并引导学生交流的顺利进行。

2. 模拟毕业考试中的口试

（1）基本概念

口试是常用的考试方法。在职业教育的各类考试中，人们越来越多采用专业口试作为面试或笔试的附加部分。通过专业口试，可以进一步了解考生是否掌握了职业情境中所必备的行动能力。在口试中，考生口头报告其工作经历和实践经验。除了专业知识外，通过专业性的对话，考官可以更加深入了解考生对生产过程、重要的专业问题及其解决方法的认知水平。

德国新的《职业培训条例》要求结业考试中要完成一个工作过程完整的综合性工作任务。在中国如广州等一些发达地区的高级工职业资格鉴定中也采用了类似的方式。例如,学生独立处理一个完整的客户委托任务或生产订单,这包括计划、实施、评估和记录等步骤。他要在考试委员会面前进行口头汇报,并接受针对任务实施过程的专业口试。事实上,口试的直接目标一般并不是针对专业知识的,而是针对工作过程,其最重要的目标是考查综合的职业行动能力。

在德国机电行业职业教育结业考试中,专业对话占相当大的比重(有的占到了50%)。按照规定,结业考试必须对与工作过程相关的能力进行评定。考试委员会提出与工作过程相关的问题,以此评定考生是否能够独立、负责任地完成整个工作过程,即考生必须通过专业口试证明自己的过程性能力。口试最多进行30分钟。在考试实践中,一般会尽量用足给定的时间,以确保考官有足够时间对考生的水平进行全面的评估。专业口试中要对整个对话内容进行记录,作为最后成绩评定或发生争议时的依据。在德国机电行业的考试中,由工商会提供统一的口试记录表。以下是口试中经常提出的问题。

> 你从哪个渠道获得有关工作任务的信息?
> 如何规划这项工作?
> 要和哪个部门,或哪些同事进行协商?
> 怎样做出决定?你必须关注哪些标准和规则?如果没有重视这些标准会产生什么后果?
> 你注意到了哪些劳动保护和环境保护措施?
> 如何检查工作的质量?
> 如何记录工作的成果?
> 如何把产品或工作成果移交给顾客?

作为角色扮演教学法的一种类型,"模拟口试"不针对传统的课堂或学期(末)考试。模拟口试主要是用来复习和深化特定的或与职业资格考试内容相关的学习内容(Pahl 1998)。值得注意的是,模拟口试可以为准备资格考试提供帮助,但也有可能引发一些学生的恐慌和反感,特别是对那些测试成绩一向不好的学生。在模拟口试中,学生应在有限的时间内尽可能全面展示其专业能力,演示并示范与工作相关的行为,还要独立回答问题。

作为一种教学方法,模拟口试的魅力在于能把专业学习和角色扮演进行特别的整合。一方面,"考生"和"考官"之间的关系是不平等的,这更加突出了角色间的关系;另一方面,通过"考生"的恐惧,突出了角色扮演的效果。在模拟口试中,学生既展示了专业能力,也可以通过模拟考试情境,为将来的真实考试作准备。这不仅为学生提供了主动参与学习过程的机会,也能提高学生的学习兴趣和意愿。

事实上,模拟的对象即可以是笔试,也可以是口试。在教学过程中让学生在学校里体会(企业)考试的情境,具有一定的实际意义。模拟企业考试情境,能让学生熟悉陌生的职业角色、了解并充分利用给定的行动空间体验极限,并获得必要的知识和能力。通过模拟考试,可以使专业知识与社会能力和情感态度紧密联系在一起。模拟考试是一种直接的体验式学习。学生不仅仅是谈论和思考考试,他们本身也是模拟的一部分,从而体验自身的行为、评判和决策带来的后果(Pahl 1998),参见图 3-6。

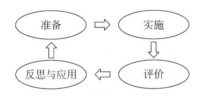

图 3-6　模拟考试的步骤

(2) 模拟考试的步骤

① 准备阶段。针对技术工人资格考试中的口试,(师生共同)确定考试题目,复习与考试有关的内容,从而引起学生的兴趣。为了能对专业口试过程进行很好的把握,学生可以对口试对话过程的设计提出建议。

② 实施阶段。
- 师生共同确定行动的规则,确定不同角色的任务。
- 师生共同决定每个同学的具体角色,即哪些学生分别担任"考官""考生"和"观察员"的角色,并组成"考试委员会"。
- 学生以小组的方式准备相关专业内容。
- "考官"介绍任务要求,解释考试流程,提出需要回答的问题。

➢ "考生"给出合适的答案,完成模拟口试。
➢ 在此期间,"观察员"作记录,填写观察表(从专业能力、社会能力、情感态度和方法特点等方面)。
➢ 小组内学生互换,轮流扮演三种不同的角色。

在此阶段,教师的任务是为学生提供合适的学习辅助资料(专业书籍、仪器、模型和网络资源等),准备合适的空间,营造合适的氛围,控制时间,并为个别(较弱的)小组提供帮助,特别是在小组活动离题时。

③ 评价阶段。
➢ 教师依次请"考官""考生"和"观察员"对模拟口试过程进行评价。根据专业的适宜性和正确性,"考官"对自己所提的问题进行评价,"考生"对自己的回答进行评价。
➢ 评价社会行为:学生根据事先制定的有关专业能力、方法能力和社会能力的标准,对此次模拟口试进行评价。
➢ "考官"审阅记录表上的记录并给每一项评分,告知"考生"结果。

④ 反思与应用。
➢ 学生描述在其扮演的角色中与他人相处的感想。
➢ "考生"和"考官"描述他们的相互印象和感想。
➢ 针对社会和情感特征,评估每个学习小组的观察表。
➢ 学生对整个教学过程进行评价,讨论如何把所获得的经验、处理冲突的行为方式和行动准则迁移利用到其他职业情境和个人领域。
➢ 教师结束模拟考试。

模拟口试的优点是能激发学生参与学习过程的积极性。如果教师能成功地组织学生开展一次模拟资格考试,让学生经历一次特殊的学习情境和行动过程,学生不仅会在认知领域,而且在社会和情感层面也会得到有效的发展。通过对考试情境的模拟,学生对考试不再觉得那么神秘,就不会在真实的考试中怯场。学生在模拟口试中还可以获得其他的经验和知识,由此评估自己的优势和劣势,认识自己在专业、社会交往和情感方面的缺陷。

(3) 开展模拟考试教学的要求

在模拟口试教学中,学生共同准备口试(专业对话)的题目和过程,他们要研究以往的考试题目、查阅相关资料、探讨专业问题,要把自己置身于一个专业人员的专业工作状态中,要承担执行、反思并评价"考官"和"考生"的双重角色。学生在确定考试日程安排等事务性的工作中,也能够经历和反思专业之外的社会交往和沟通过程,对不同角色的扮演,也使得学习的效率更高(Pahl 1998)。

为了使模拟口试能够按照专业标准、在尽量真实的考试条件下进行,学生必须具备足够的专业能力和实践经验,因此模拟口试主要在高年级中进行。在角色扮演教学中,有两个因素有可能影响学习的效果:①一些玩世不恭的(常常是较大年龄的)的学生很难,或不愿意进入角色;②学生的学习氛围过于松散,不严肃认真对待模拟过程。

模拟口试对教师方面最重要的要求是,教师必须完全置身于模拟口试过程之外。一旦教师参与到口试过程中,就变成了由教师带领的复习,其性质就发生了根本性的变化。在组织方面,教师应当从过去的考试题目中为学生挑选合适的题目,形成符合学生水平的模拟口试题目。

四、表演教学法

(一)表演教学法概述

作为一种教学方法,表演法又被称为"企业表演法"或者"模拟表演法",它是对典型的真实的工作过程或工作系统的复制。典型的表演法是:几个学习小组根据预先确定的规则,通过合作或者相互竞争的方式完成一个工作(表演)过程(Holling, Liepmann 2004)。在表演过程中,一般只考虑重要的变量和关系,而不过多考虑复杂现实中的非重要因素。在经济学和组织心理学的教学中,人们常用"企业表演法"来模拟市场行为,如市场行销、行业竞争和企业经营管理等,参与的学习小组之间根据所确定的"经济目标"或竞争或合作,通过自己的努力达到这一目标,并对整个过程进行反思。

表演法构建了一个模拟的"真实组织和工作过程"。为了达到系统的效果,参与者需要多次完成(表演)收集信息、分析问题和解决问题的过程,表演法是一种"经验导向和认知学习相结合的对知识进行有效组织的学习方式"(Roehl 2000,230)。

表演法与角色扮演法很相近，但是又有一些不同。如果说角色扮演法是一种重要的模拟导向的知识建构工具的话，那么表演法就是第二种模拟导向的知识建构工具(Roehl 2000)。两者都是模仿从真实工作中获得的具有范式意义的工作情境，都对学生提出了较高的认知要求和情感要求，尽管有人认为角色扮演法对认知和情感的要求更高，但是由于表演法中也存在着各式各样的"角色"，甚至可以说是一个集各种角色之大成。不同的是，由于表演法集合了多种角色，学习者很难深陷于某个具体的角色并对此进行深入的理解和把握，而这在角色扮演法中却是最重要的。在表演法教学中，学生从全局出发，塑造和评价各个角色的关系，体验其互动过程，从而解决某一特定的职业问题。换而言之，每个具体的角色对表演法来说都是必不可少的，但是表演法的重点不在于此，其重点是呈现复杂的角色关系网，或者体验包含各种角色的组织系统中的典型行动方式。例如，一个企业的新产品出现了生产问题，引发了销售额的下降，这个问题涉及企业的不同部门（如设计、计划、生产、质检、管理和工会代表等），这是一个典型的可以用来表演的企业工作情境。根据销售困难以及由此发现的相应的顾客需求去分析和完善产品，然后通过良好的顾客体验来更好地满足市场需要（质量、环保和价格等）(Pahl 1998)。

综上所述，表演法是一种基于现实工作世界的、以表演模式（Spielmodell）为基础的教学方法，它为学习和分析复杂的职业行为提供了良好的契机。

（二）表演法的步骤

表演法的教学过程由一个或多个主持人主持，一般分为三个阶段，即获取信息和准备阶段、表演阶段、情况汇报与评估，参见图3-7。

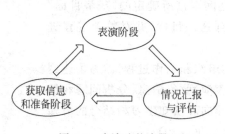

图3-7　表演法的步骤

1. 获取信息和准备阶段

获取信息和准备阶段的任务是描述情境与角色分工。作为主持人，教师确定并描述一个需要表演的情境。参与表演的学生得到相关基本信息，教师或被选作主持人的学生领导所有的学生一起确定表演规则，明确表演的目标和过程，确定每个参与者的角色及其职责范围。认可并遵守共同确立的表演规则是确保表演成功的前提，在此，主持人扮演着十分重要的角色（Pahl 1998）。在组织小组和确定角色分工时，应遵循以下原则：学生自由组队，不要强加于学生某一特定角色。一般学习小组以 2～4 人为一组。不同小组可以从教师那里得到不同的资料。

2. 表演阶段

表演阶段由几个环节组成：第一，参与者分析给定的情境，确定试图实现的目标，选择用于决策的方法和手段，并确定行动方案；第二，按照所确定的行动方案进行表演；第三，按照所定规则得到特定的结果并展示（Holling, Liepmann 2004）。在表演阶段，主持人的任务是促进表演小组之间的联系。表演小组根据其目标、所确定的策略进行表演，在表演过程中可以修正所确定的目标和实施方案，但要做好相关记录，以便最终得到共同的解决方案。

3. 评估阶段

最后，学生在主持人的指导下对整个表演过程进行总结和反思，对参与者的所有策略和行为给予不同的评价。汇报阶段一般也分为三个环节，主要回答三个问题："你感觉怎样？""发生了什么？""你学到了什么？"汇报可采用无主持人汇报法、有主持人汇报法、视频汇报、调查问卷书面汇报、在整个大组汇报等方法。表 3-1 是一个评价调查问卷，对表演过程及其质量进行反思，并通过回答问题进行改进（Blötz 2001）。

表 3-1 评价调查问卷

关于"家居展览会"的调查问卷
姓名：
等级划分：1 完全不同意；2 不同意；3 不确定；4 基本同意；5 非常同意

1	我觉得这个表演很有趣	1 2 3 4 5
2	从这个表演中我学到了很多	1 2 3 4 5
3	在很多决策上我们组未能达成一致	1 2 3 4 5

续表

4	我能够很好地融入团队中	1	2	3	4	5
5	我学到了不同的木材种类	1	2	3	4	5
6	通过表演我更加了解我的伙伴们	1	2	3	4	5
7	我觉得这个表演很无聊	1	2	3	4	5
8	时间过得很快	1	2	3	4	5
9	我觉得表演把我们这些学生的距离拉近了	1	2	3	4	5
10	我学会了按照不同的功能区分	1	2	3	4	5
11	我们组的气氛很好	1	2	3	4	5
12	我们组根本没有团队合作精神	1	2	3	4	5
13	我很快就明白我们要做什么	1	2	3	4	5
14	我觉得过得很充实	1	2	3	4	5
15	在表演中我发现了自己的一些优点	1	2	3	4	5
16	大部分时候我都不知道要干些什么	1	2	3	4	5
17	我感到很难全身心投入到表演中	1	2	3	4	5
18	我觉得后来的攀谈给了我一些启发	1	2	3	4	5
19	我对表演感到不确定	1	2	3	4	5
20	这次表演是非常成功的	1	2	3	4	5
21	在这次表演中我学到了在日常生活中需要的	1	2	3	4	5
22	在表演中我发现了自己的一些缺点	1	2	3	4	5
23	我已经了解选择材料对环保的意义	1	2	3	4	5
24	我学会了更好地与他人合作	1	2	3	4	5
25	主持人总是在我们需要的时候帮助我们	1	2	3	4	5
26	通过表演,我们已变成一个运转良好的团队	1	2	3	4	5
27	团队的气氛有助于成功	1	2	3	4	5

我最喜欢的:

我最不喜欢的:(最好提出改进建议)

(三)表演法的目标

作为一种基于现实世界的表演,表演法教学可以实践和印证不同的观点和策略,以及不同交互方式和技术的结果,通过一次甚至反复多次表演,实现系统化的学习。它能帮助学生对工作世界中的社会、经济、政策、技术和组织结构等复杂关系形成问题意识,培养做出决策的责任感,提高其决策和计划能力,扩大学生获得信息的途径与方法,并促进其合作能力的提高。

然而值得一提的是,也不要高估表演法在开发学生学习潜力方面的作用。尽管实践证明表演法是一种不错的主动式学习方法,学生一般会有较高的学习兴趣并积极参与,但方法本身并不能保证绝对良好的学习效果。表演法教学是否成功,取决于能在多大程度上废除学生头脑中的旧有思维结构的束缚。现实世界的复杂性和掌握海量知识难度,也带来很多问题,具备足够的知识基础是成功表演的前提(Holling,Liepmann 2004)。

(四)表演法的要求

表演法教学对学生的专业知识、团队合作以及表演能力提出了较高的要求。首先,学生必须有足够的专业知识,才可能理解和参与真实职业事件的表演、模仿或评判,从而保障所表演的与职业现实的相似性或一致性。其次,表演法对学生的参与、鉴定和表演能力提出了较高的要求,如在给定时间内完成任务的执行能力、快速反应能力、对行动后果的责任心和承受力等。无论是在表演之前、表演中还是表演之后,所有行动都不是一个人能完成的事情,学生必须愿意并有能力进行团队合作。角色的分配没有优劣主次,更多的是一种涉及多角色、多种互动方式的集体事件。

尽管表演法是对现实世界的模拟,但它并没有办法考虑复杂现实中的所有因素,因此教师应该具备对复杂情境进行简化和限制的能力。换而言之,教师要从复杂的现实世界中提取重要的关系和变量。无关紧要的琐碎细节不仅影响表演法的教学效果与效率,而且不利于学生的理解和模仿,更不便学生日后在现实条件下应用。教师在整个表演中担任"咨询者"的角色,但是在某些特殊情况下,教师也应和学生一起进行表演。通过表演,教师少了说教,多了通过实际行动的引导。这里的关键是:第一,如何剔除事件或系统中的不重要因素;第二,集中解决关键问题。

表演法教学的准备和实施需要教师投入大量时间和精力,如必须准备大量的、形式多样的资料。表演法对教学场所也提出了较高要求,例如,如果模拟生产车间或不同部门的生产或经营组织,就必须给学生提供一个足够大的、复杂而真实的(模拟)空间(Pahl 1998)。

五、案例分析教学法

(一)案例分析教学法概述

案例分析教学法是以案例分析为基本教学形式的教学方法。按照 Roehl 的说法,它是第三种"模拟导向的知识建构工具"(2000),其学习理论基础是建构主义。案例分析法很早就被应用在西方的法律和医学领域,但是作为一种专门的教学方法,却起源于 20 世纪 20 年代美国哈佛商学院的工商管理专业,其特点是采用的案例均来自商业管理的真实情境或事件。

案例分析教学法有一个基本假设,即学生能在对这些案例进行研究和发现的过程中学习,并在将来必要的时候回忆出并应用这些知识和技能。案例分析教学适合对开发、分析、综合、决策和评估等思维能力的培养;它通过深入分析某一事件并作出决策,提高学生承担具有不确定结果风险的能力。这些技能不仅是管理者、医生和法官所必需的,也是高技能人才的必备条件。

案例分析教学法主要有四种形式,即案例研究法、案例问题法、案例调查法和问题叙述法。

- ➢ 案例研究法侧重于对特定事实的多角度、宽范围的分析,最后综合各种观点得出结论。
- ➢ 案例问题法提出一个特定问题,要求学生找出不同解决方案并进行详细讨论,比较适合低年级学生采用。
- ➢ 案例调查法重视收集信息的过程。通常情况下,它不给出信息完整、情境明确的案例,而是要求学生通过一定手段使案例逐渐清晰明朗。尽管比较费时间,但是案例调查法的实用性很高。
- ➢ 问题叙述法是在对多种解决方案分析的基础上做出决策,学生需要解释最终的解决方案,对其进行评价并进行优化(Pahl 1998,108)。

(二) 案例的选择

选择合适的案例对案例分析教学法的成功非常重要。案例选择的实质是创设一个两难困境,从而引导学生学习,它与通常教学中采用的例子、故事、练习等有很大区别。例如,把某公司的年度汽车资产负债表和损益表给学生,要求学生计算数据,这是一个教学案例吗?再比如,就某个报刊有关某公司的报道进行课堂讨论,这是否也是一个案例?事实上,以上例子中,前者是一个练习,后一个尽管是一个例子,但还称不上是案例分析教学的"案例"。

在教育学的讨论中,对"案例"并没有一个统一的定义。有人认为案例是一项事实或一组事件,它提供一个问题或一系列问题供学生思考,并让学生尝试去解决,因此案例是一份资料,是一项引发思考、判断和正确行动的工具。也有人认为:案例是许多相关事实的说明,它提供问题的状况,以寻求解决问题的解决方案;还有人认为,案例是包含问题或疑难情境的真实发生的典型性事件。本书并不尝试给出自己的定义,但认为作为一种行动导向学习方法的"案例",应该来源于真实的职业工作,能引发学生完整的职业行动过程和思维过程;案例中问题解决方案在多数情况下都不是唯一的。

首先,案例来源于真实的职业工作情境。案例应呈现出一个与特定事实相关的、带有定量或定性信息的、简短而实际的职业真实工作状况。通常情况下,行动导向案例教学的案例应以真实情境为依据(Bellmann,Himpel 2006)。真实案例的内容反映职业实践中的真实内容,学习内容都被设定在这种明确或不明确的工作情境中,学生需要做的是将自己置身于这种工作情境中,根据情境所赋予的意义(这种意义有时是明确的,有时是不明确的),以一个职业人的身份,经历完整的工作过程,解决问题并进行评价。

其次,案例是开放的。在问题导向的案例教学中,尽管所提问题的情境或多或少总是存在差异,但大部分问题会有多种解决方案,会有多个合理的决策,甚至都可以实现。案例学习的价值在于如何论证解决方案的合理性和可操作性。案例应具备足够的开放性:它应有实时情况,却没有唯一结果;有激烈的矛盾冲突,却没有统一的处理冲突的办法和结论。正是解决方案的多样性与开放性,激发着学生不断去思考、计划、决策、行动和评价,从而经历完整的行动过程。

（三）案例分析教学法的特征

1. 发现式教学

案例分析教学法是一种发现式教学方法，它不直接把现成的知识传授给学生，而是引导学生在教师事先精心设计、周密安排的一系列真实或模拟的学习情境中，通过自主探索、合作交流，自己去发现所学内容的事实，从而主动获取知识并形成技能。在案例学习中，自觉学习所占的比重比较高。正如英国教育家斯宾塞（H. Spencer）所说的，在教育中应尽量鼓励个人发展的过程，应该引导学生进行探讨，自己去推论。教师讲的应尽量少些，而引导他们去发现的应该尽量多（转引自 Beuschel，Gaiser 1999）。

在职业教育中，我们通常从一种现实或虚构的企业情境出发，学生以小组形式逐步找出可行的解决方案并做出评估。在此，强调学生根据自己现有的综合能力水平、真实或模拟任务的要求，以团队或小组方式，积极主动地调整工作策略与方式以及努力的程度。发现式学习是一种主动建构过程，是一个认知、情感、动机、行为都能得到积极有效的参与与强化的过程，这一过程不是由外往内的强迫与施压，而是由内往外的自觉与主动。

2. 重视行动过程

案例分析教学法的精髓不是让学生强记住静态的知识，而是迫使他们开动脑筋去思考和分析，并在理性思考的基础上开展专业行动。其实，现实世界就往往如此：我们不可能掌握一切应知道的信息，而有价值的信息又常常混杂在一大堆纷繁复杂的信息中。现实世界中多半问题没有精确答案，选择答案时受时间、资源、人才等多种条件的限制。案例分析教学训练的重点是决策和行动方式，意在锻炼学生在不明确的条件下做出合理的选择并采取理智行动的能力。

（四）案例分析教学法的步骤

案例分析教学法的教学过程一般可以分为以下几个步骤（参见图 3-8）。

1. 直面问题

分析案例的具体情境，描述任务，划分学习小组。

2. 收集信息

收集并处理信息。

3. 开发方案

以小组合作(或者个人)形式制订解决问题的多种可能的方案。

4. 决策

对小组或个人提出的问题解决方案做出决策并记录。

5. 辩论一

小组或个人在课堂上演示自己提出的问题解决方案,并说明理由。

6. 辩论二

大家共同讨论,确定问题的最终解决方案。

7. 核实

将共同确定的问题解决方案与真实实践作比较,并做出最终评估。

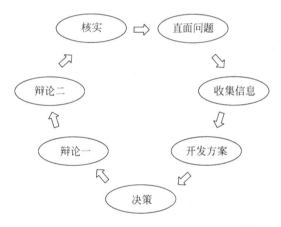

图 3-8 案例分析教学法的步骤

(五)案例分析教学法的目标

在案例分析教学法中,学习过程主要通过对具体问题提出自己的解决方案而实现。案例分析教学试图实现的教学目标如下。

➢ 在某一理论和概念框架内形成、论证并且评估一种行为战略(Bellmann,Himpel 2006)。

➢ 让学生学会独立收集所需信息,制定一项包含行动过程和专业内容在内的行动规划,并对其实施过程进行评估。

- 使学生学会为自己的解决方案进行辩护,并愿意实施被大家认可的方案,从而受到更大的鼓励,提高自信心。
- 学生学会利用多种学习机会,从具体问题中积累学习与工作经验,了解其他参与者的做法并且得到不同的反馈(Holling,Liepmann 2004)。

案例分析教学法可以培养学生多向性和发散型思维,让学生学会从不同层面与角度(如战略层面、专业层面和交流层面)认识和分析问题,在此基础上解决问题,并对做出的决定进行论证,在更大的关联中对解决方案进行归类和反思(Pahl 1989)。

在案例分析中,学生不仅就生产技术和职业功能方面的问题进行讨论,而且同时也思考生态保护、经济和伦理等方面的问题,这可以帮助学生提高在实际生活和工作情境中的全面应对能力。由于所选案例一般具有典型化特征,因此这些案例可以转换为其他类似情境,除了具体职业知识之外,学生由此还可以学到处理类似问题的程序化知识。

(六) 采用案例分析教学法的要求

案例分析教学法的核心是"寻找正确处理和解决职业问题的可能的策略与手段",而不是寻找正确的答案。由于其独特的魅力,案例分析教学引发了教育界的广泛关注。但是,案例分析法能否实现既定的教学目标,取决于教师、学生和教学组织等多方面的因素。任何一方的缺失都可能导致案例分析教学的失败。

开展案例分析教学对学生有以下要求。

- 信息能力:学生须具有独立分析问题、独立收集信息并对其进行选择和利用的能力,如从技术资料中查阅数据并通过绘制图表来表达。
- 过程规划能力:在信息不充分的职业情境中,为寻找合理的答案对行动过程进行规划的能力——俗话说:"凡事预则立,不预则废。"
- 解释与辩护能力:对自己提供的问题解决方案做出合理性解释,维护自己的决策(方案),为自己方案实施的可能性进行辩护。
- 决策与评估能力:在对不同决策方案进行比较、论证、讨论、记录、演示和评估的过程中,理性、客观地评价不同方案的合理性与可操作性。注意不要因为与自己的方案不同而轻易否认他人的方案。应以开放、变化、多元的思想选择较优方案，并进一步完善与优化。
> 团队合作能力：有与他人合作的意愿和能力，在整个讨论过程中能得到他人的认可，也善于认可他人。

事实上，人无完人，要求所有学生都具备以上能力是不现实的。从某种意义上说，以上对学生的要求恰恰正是期望学生通过案例分析教学学习的，甚至这些要求本身就是案例分析教学的目标。这里好像存在一个悖论：学生只有达到这些要求时才可以进行案例教学，而这些要求又是案例教学的目标。矛盾是对立统一的，解决矛盾的焦点在于学生能力的不完整性与小组学习方式。当学生没有全部满足以上能力要求时，有可能导致能力的发展，即发展学生还不具备的能力。小组学习方式使学生成为一个整体：A 不具备的能力恰恰可能是 B 的专长，合作使各有所长的学生的全面发展成为可能，同时也满足了案例教学对学生的能力要求。

案例分析教学对教师的要求主要表现在两方面：一是挑选合适的案例。教师应有足够的鉴别力，选择能激起学生兴趣的、具有完整职业行动过程的案例；应有足够的判断力、专业能力与睿智，将现实案例转换成适于教学的案例。在教师的处理下，具有复杂关系和琐碎细节的现实案例变得清晰明朗；而答案过于明确、信息充分的现实案例则变得答案不再明确，信息不再充分。概而言之，教师应具备良好的案例选择与处理能力。二是教师在必要的时候给学生提出建议并提供信息。

案例教学法需要一定的空间。应给学生提供独立或小组完成任务的足够的物理空间。案例教学同时也很费时间，因为学生需要收集大量信息，探讨多种不同的情形（Pätzold u. a. 2003）。在案例教学中，应给学生更多的时间，以及更多的信息检索工具与参考书籍。

六、技术实验教学法

（一）技术实验法概述

1. 技术实验

技术实验通常是指在技术活动中为达到某种目的进行的尝试、

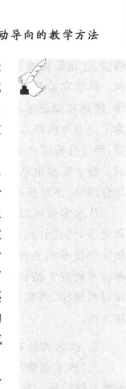

检验、优化等探索性的实践活动。技术实验与科学实验有很大不同。科学实验是对事物的客观规律和现象进行观察、分类、归纳、演绎、推理和验证的科学过程,是一种科学探究活动;而技术实验是为了全面考核产品质量和性能的稳定性和可靠性,获取相关技术数据,经过分析综合得出有关产品质量水平及其极限状况等数据的过程。技术实验也是一种创造性的技术活动,主要验证方案的可行性与合理性,并对其进行优化。

技术实验可以验证技术成功与否,可以对技术设计加以改进和完善,将设计风险和失误降到最低,它也是发现问题、探究规律和优化技术的关键。技术实验是工程技术研究的中心环节,是一种技术研究方法;技术实验也是人类的一种重要实践活动,是按照自然规律,遵照人与社会的实际需求,发明新物品的基本手段和方法。

2. 技术实验教学法

当"技术实验"成为一种行动导向的教学方法时,还需要兼顾它的教育性特征。在教学情境下,教师和学生可以通过"技术实验任务",对真实的职业知识进行建构,这是通过技术实验进行行动导向学习的价值所在。教学情境下的"技术实验"与工作世界的"技术实验"具有高度的相关性,但同时又有很大的不同。

教学情境中技术实验的任务或对象,应当来源于真实的职业工作情境,但同时又要具有教育功能。换而言之,技术实验任务的选择不是随意的,它应当对学生的职业生涯发展具有典型意义。技术实验应满足以下三个条件。

> 选择实验任务和对象的原则,是看它是否对职业实践和学生个人发展有重要的意义。
> 选择的实验内容除了用于本次教学之外,还应当在广泛的实际工作中有典型意义,即实验获得的成果可以迁移到其他情境中。
> 不能随意改变实验的方式和结果,其结果是可以证实和重复的(Rösch,1990)。

在教学情境下开展技术实验的目的,是在特定"实验结果"的引导下(如技术改进和优化、发现并解决问题、产品设计等),使学生经历完整的行动过程,培养学生的综合职业能力,包括专业能力、社会能力和方法能力,这与真实工作世界的"技术实验"的目的不同。例如,教学情境下的技术实验对时间的限制和把握没有在真实工作世界中那么严格,它给学生提供了相对宽松自由的空间。这一方面可以降低学习难度,另一方面也有助于学生更好地(通过尝试)主动建构技术知识,提高专业能力。

(二) 技术实验法的特点

1. 培养学生的职业行动能力

技术实验教学法在职业教育中具有特殊的意义。由于职业教育的目标是培养学生的职业行动能力,这需要在课程教学中为学生提供大量决策机会,以及尽可能多样化的技术应用方式。有时,有技术缺陷的设备恰恰在技术实验中有更好的利用价值,它有可能更有效地调动学生的学习积极性。此外,学生在解释专业问题时常常会犯错,这也是一种职业现实。在提出假设后,通过实验方法可以更容易达到目标,因此在技术类的专业中,技术实验教学法具有重要的意义(Gerwin,Hoppe 1997)。在技术实验教学中,需要呈现一个"实验"应具备的所有要素,包括以(实际)问题为出发点提出关于实验结果的假设,创设实验条件,明确实验影响因素和原因之间的逻辑联系等。通常情况下,应对实验的情景和实验中发生的变化进行有计划的观察。在基本实验条件保持不变,只有一个变量发生变化时,可以对实验结果进行准确的预言。下面是一个最简单的实验过程。

① 猜测:学生猜测砂浆厚度对楼房地板质量产生影响。
② 经历:学生亲身体验砂浆厚度变化对楼房地板质量的影响。
③ 论证:学生论证砂浆厚度对楼板地板质量影响的方式。

技术实验的目标设定是现实的,因为我们总可以在实际工作中寻找解决问题的方案。当然,这里"方法的科学性"不是从严格意义上讲的。职业教育中的技术实验,只是以理想化的方式把"实践导向"和"科学导向"原则结合在一起。技术实验可以使学生对职业任务有更深刻的理解,为我们提供了一个实现职业课程目标的重要手段。

2. 通过"比较"来学习

在职业教育中,当涉及技术和工艺流程等专业问题时,教师在教学过程中总是会将"比较"作为一个重要环节,而"比较"恰恰就是技术实验教学法的一个重要特征(Pahl 1998)。例如,将不同原材料、工具、工艺流程、测量方法和检验流程等因素进行比较,就能找出它们的优缺点。通过"比较",可以说明不同选择和投入在实践中的重要意义,而且这些意义都经过了实验验证。在比较式的技术实验教学中,教师不向学生直接讲述需要学习的技术规范,而是让学生通过实验自己去发现。因此这些规范不是教师强加给学生的,而是学生自己找出来的。他们会发现不同要素之间的相互关系,并以此为基础(相对)独立地获取知识(Rösch 1990)。

3. 技术实验法是发现式学习

技术实验教学是通过引导学生完成专业任务并发现问题的发现式学习方法。在学习过程中,学生在自己经验基础上进行批判性地检验,体会实际工作中哪些行为是恰当的,因此技术实验也是行动导向和经验导向的学习。作为一种发现式学习方法,技术实验法与纠错式学习不同。它不是没有思想的盲目尝试,而是有目的地去发现工艺、技术、设计、经济或者组织层面的事实情况(Rösch 1990)。与传统的描述式学习相比,发现式学习能帮助学生更好地掌握和应用知识,这对学生意味着更好的激励。技术实验不是简单的书本知识学习。由于学生发现规律的过程是一个智力体验过程,因此学生掌握的知识技能有高度的情境性和可迁移性。实践证明,学生通过实验发现的规律比被动接受的更容易牢记,在解决问题过程中获取的认知也不容易遗忘。最后,技术实验还可以减少学生的厌学情绪,降低不同学科间认识的冲突。

4. 允许学生"犯错"

在技术实验中学生常常会犯错。按照建构主义学习理论,教师不要试图阻止学生犯错误,而是在其他同学帮助下去一起去揭示某个学生的错误。对一些学生来说,认识并且承认自己的错误并不是一件很容易的事(Mietzel 2007)。实践证明,如果教师发现了学生的错误答案或思维方式并直接告诉他时,会直接影响甚至"消灭掉"学生的学习积极性。学生讲的和做的都是他们自认为正确的,甚至在此之前是行得通的东西。教师应以一种让学生觉得舒服的、非直接的、引发思考的方式说明问题,引导学生反思,从而发现错误和不足(Glasersfeld 1999)。

人可以从错误中获得大量新认识。实践中的成功或失败经验对学生有更强的说服力，而且持续时间更长。从教育学角度讲，我们有时甚至会希望学生犯点错误。犯错误说明理解还不准确，只有更加认真对待，才能从根本上消除错误。从根本上说，人类是从"错误"与"正常"事物的偏差中学到东西的。学生犯的错误，不应当被看作是失败的证据，而是一个"引导学生改正错误并获得新知识的机会"（Rösch 1990）。"错误"在实验课程中具有重要的作用。因为人类不可消除错误，因此应当学习如何更好地处理错误以及面对它所带来的后果。认识行动错误的产生原因及其造成的影响，对学生行动能力发展起着重要的促进作用。

在教学实践中，人们常常会讨论哪些错误会频繁出现，并对其进行特别的关注。应注意不要把学生犯的错误置于过于突出的位置。给学生提供合理、正确、有示范意义的、符合专业和实际要求的学习内容更为重要，让学生有机会享受自己的成功。

5. 克服"先决知识"的（不利）影响

按照建构主义学习理论，教师不可能代替学生建构自己的知识。如果教师对教学过程控制太严，只是把最终结果呈现在学生面前，学生只需要事后理解被灌输的知识，那么学生会有很大概率拒绝这种"受操控地发现"，而"受操控地发现"会导致追求真理的发动机逐渐停转（Rösch 1979, 283）。很多新的知识和观念对学生而言之所以难以接受，是因为学生本身已经支配着大量的概念和知识，即"先决知识"，它们不一定与教师试图传授的知识一致。"先决知识"中既包含错误的，也包含正确的内容。学习是每个学生用自己的"先决知识"在其认知图式里组织一个学习情境，由此解释他们在某个学习领域获得的新意义和新经验（Mietzel 2007）。

教师要想实现其教学目标，必须尽量考虑到学生的"先决知识"。一般说来，人们并不愿意怀疑或者改变自己的"先决知识"。因此，学生应在一种能够产生认识冲突的情境中，探究那些用其先决知识无法解释的事物。在此，仅仅描述一个事实情况是不够的。学生只有从自身的需要和认识基础出发去发现矛盾和冲突，才有可能引发真正的学习。技术实验教学可以引发"先决知识"与现实的矛盾冲突，从而帮助学生最终通过发现和解决问题而建构知识。技术实验是学生自我反思的学习过程，它也是未来在职业工作中经常会遇到的现实情境。学生由此能积累相关经验,这需要教师的正确引导。

(三)技术实验法的分类

按照不同的标准,技术实验教学有多种分类方式,下面从"学生积极参与程度""实验目的"和"实验环境与真实情境的契合度"三个方面进行划分。技术实验法参见图3-9。

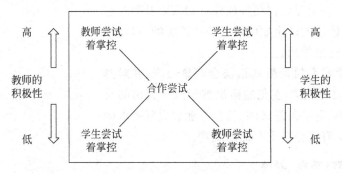

图3-9 技术实验法

1. 按照学生积极参与的程度

在行动导向教学中,学生的"行动"具有重要的作用。这里的行动不仅仅是简单的"做",而是能激发学生兴趣的反思性行动。在不同的技术实验设计中,学生的行动方式不同,对学习过程的参与程度也不同。学生在决策和实施过程中获得的机会不同,对实验成功的重要性也不同。可以根据学生参与实验程度的不同对技术实验教学法进行分类。

① 开放式实验法。采用开放式实验法教学时,所实验的问题有多种解决方案。在此,学生自己设计和掌控实验过程,在一定的行动范围内自行选择活动策略。实验的情境和步骤有很强的发现式学习特征。在此,学生有扩展其个人经验的空间,可以在原有知识基础上对所采用的实验方式进行检验。

② 引导式实验法。与开放式实验法相比,在引导式实验中,需要教师提供更多的引导(通过书面材料和网络资源等)。所有的引导式实验都是目标导向型的,都有明确的目标。在此应尽可能避免错误或误入歧途。引导式实验法教学的实验过程的每一步都应事先成功地通过测试。

在技术实验中，教师和学生对教学过程的掌控程度与其积极性相关：教师对课堂掌控程度越高，积极性就越高，而学生的积极性就越低；学生对课堂的掌控程度越高，积极性就越高，但教师的积极性相应也越低。由于教师或学生单方面对教学过程进行全面控制的可能性很小，因此更多的是双方在博弈中实现不同程度的合作。

2. 技术实验的目的

按照不同的教学目的，技术实验教学可以分为以下类型。

① 功能性实验教学。通过改变设施设备的运行参数，测量实验对象的状态变化并分析其原因，检验性能优劣程度或性能故障。典型的如结构实验、振动疲劳实验等。

② 对照性实验教学。对两种或两种以上实验对象在同一方面的性能的优劣做出比较，由此选择性能更优良的对象。典型的如不同品种农作物对比实验。

③ 优化性实验教学。对实验对象的条件进行优化或组合。典型的如农业实验中运用嫁接方法培育作物以提高其存活率，增加产量。

④ 预测性实验教学。预测实验对象的状态变化以及可能产生的后果的实验。典型的如测试材料使用寿命的老化实验。

⑤ 析因实验教学。从已知结果去寻找未知原因的实验。例如，果树在生长过程中发生了病虫害，农技专家通过辨别受害果树的发病症状判断原因，在此基础上进行治理。

3. 实验环境与真实情境的契合度

按照实验教学学习环境与真实职业情境的契合程度，技术实验可分为以下三种。

① 真实职业情境下的技术实验。在教学中采用来源于真实工作情境的设施设备具有特殊的意义。学生不但在此获得较强的职业知识，而且还可以积累一定的实践经验。

② 用真实设备在模拟情境下的技术实验。在很多场合下，即使有真实的设备，也无法在真实的情境中进行实验，特别是在一些运行稳定性要求高的工业企业，如电力和化工企业，这时实验只能在模拟情境下进行。

③ 完全的模拟实验。限于一些具体条件，如经费和设备等因

素,完全的模拟实验也有一定的意义。当然,要想通过完全模拟实现高水平的教学是不可能的。完全模拟的实验无法使学生获得真实的工作体验,有关责任心和职业意识培养等重要的职业教育目标也无法实现(Gerwin,Hoppe 1997)。

(四) 技术实验法的步骤

技术实验教学法的教学过程分为六个步骤(参见图 3-10)。

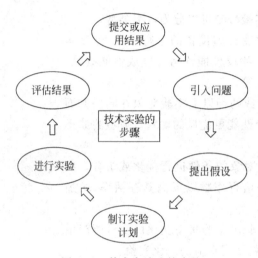

图 3-10 技术实验法的步骤

1. 引入问题

教师提出一个来自职业实践的问题,如给出一款有技术缺陷的产品,但并不给出有关技术缺陷的详细信息。为学生营造一个尽量真实的问题情境,从而调动学生的学习积极性。

2. 提出假设

学生从职业实践出发假设造成产品技术缺陷的原因,并为解决这一问题提出建议。一般这些假设是学生通过集体讨论提出的。有效的小组讨论,可以促进学生创新能力的发展。

3. 制订实验计划

学生共同讨论制订实验计划,并为实验做好相应的准备。首先,学生们对所期望的实验结果提出假设,并用书面形式记录在黑板或纸上。学生在教师指导下熟悉所需的工具和设备使用方法,熟悉注意事项和安全须知。学生自己确定的时间计划和详细安排需要得到教师的确认。

4. 进行实验

学生按照计划(独立或合作)进行实验。在实验过程中,教师观察发生的各种情况并进行相应的记录。

5. 评估结果

学生(分小组)向全班同学报告实验观测情况。在教师指导下,学生将不同小组的实验结果进行对比,得出普遍化的结果,并从中引出某种规律性的认识。如果实验结果复杂不容易理解,学生需要从理论上进行论证说明,在此需要相关的专业资料。

6. 提交或应用结果

职业教育中的实验课的出发点和最终目标都是职业实践。实验中获得的认识和知识,最终还需要迁移应用到类似的职业情境中去(Rösch 1990)。

(五) 技术实验教学法的目标

1. 培养行动能力

技术实验教学法以实践为起点,又以实践为目标,培养学生的职业行动能力。技术实验是系统化的学习途径,即从专业化的行动、具体的经验,发展到思想上的渗透和理解,从而再确定更高层次的行动与实践。学生从自身的行动和实践中获取经验,经过反思,经验上升为认知,并产生新的行动决策,进行新的实践尝试。"学习"在这里是一个积极活跃的过程,由学生自己完成,并且在此过程中始终清楚自己的目标。在此,学习结果不一定是固定的,学习过程是开放的。学生通过自己的行动逐渐去探寻现实,这不仅经历了现实,而且亲历了现实与自己行动的关系,由此产生出有关现实和个人学习的认识和结论,并促进新的尝试。学习由一系列"反馈"组成,这些反馈在行动和思考的过程中形成。行动不是"理论上正确无误的"行动,而是"依据事实"和"针对实际问题"的行动(Bauer, Brater, Büchele 2007)。

2. 促进专业能力和合作能力的发展

在技术实验教学中学生进行实验或尝试,通过学生报告或记录

以及独立制订计划并实施和评价,通过对专业文献的解释和查询,学生发展自我控制的合作式学习,并形成独立的、个性化的专业认知。在实践中,学生通过团队方式与他人共享自己的知识和经验。个人知识和经验中既包含科学合理的因素,也有很多主观理解甚至偏见。有些理念是学生的真实体验,从个人角度讲可能是正确的,但从其他人角度看,尽管在专业认知上有一定的合理性,但总的来说是偏颇的。团队交流与合作可以促进学生深入思考"为什么我与其他人得出的结果不一样"从而在深入的实践中进一步验证和修正自己的认识,最终形成教师所期望的精确与合理的专业认知。在这个过程中,教师发挥着重要的引导作用。

3. 培养"用事实说话"的职业精神

独立提出假设并进行验证,是获取知识的前提,也是培养学生"用事实说话"的职业精神的保证。在这个过程中,学生进行实验并记录结果。他们必须为自己承担责任,而且不能依赖教师,因为对实验结果的证明并不靠教师的主观看法,而是实验结果的本身。事实是最重要的,只有用真实数据才能证明事物的对或错。如果实验与设想相比没有成功或没有完全成功,师生可以共同寻找原因。尽管教师提供的参考意见可能很重要,但并不是原因本身。隐藏在原因背后的事实需要学生自己去寻找(Adolph 1997)。培养学生"用事实说话"的精神,首先要求学生有高度的自觉性与独立性。学生必须通过自己的行动(实验)掌握正确或合适的知识。这些知识既包括表述不同变量间关系的陈述性知识,也包括关于科学方法、实验中的策略等程序性知识(Friedrich,Mandl 1997)。学习过程不是填满一个容器,而是一个发现"本真"之旅(Bauer, Brater, Büchele 2007)。

为了能顺利进行实验并高效率地学习,技术实验教学对学生提出了一系列要求,这既包括认知层面和思想情感层面的,也包括社会层面和动作技能层面的。

> 认知层面:能够做出假设,规划工作流程,进行实验,观测信息的收集和传达,比较、总结、论证、评估并得出结论,记录结果。

> 思想情感层面:整洁并全面系统地工作,认真完成工作任务,有条理、谨慎使用设备。

➢ 社会层面：有能力并有意愿进行合作、传达观测结果，实事求是地讨论，乐于助人，考虑周到，有自己的想法，宽容他人。
➢ 动作技能层面：掌握职业工作的典型技能。

学生必须在实验之前就有一定的认知和学习能力，并且信赖这种新的教学方法。教师退居次席，学生成为积极参与的主体，而不是遵循规则事后模仿（由于不理解而简单模仿）。

技术实验教学要求教师具备较高的专业能力、组织能力和主持实验的能力。教师有丰富的实践经验，才能选定内容和类型都合适的实验。行动导向的实验教学要求教师对自己的角色进行重新定位。教师不再是传统意义上的课堂掌控者，而应做一个无私奉献的幕后工作者，自愿地把各种"权利"移交给学生。

➢ 在实验前：教师要做准备工作，提供实验所需的尽可能多的材料。为了使实验过程顺利进行，应做好充分思想准备和相关计划。比如要事先考虑学生有可能在实验中遇到的麻烦，计划好如何引导学生进行反思等。
➢ 在实验中：教师担当主持人的角色。他要发起学习活动，进行课堂组织，协调、帮助和鼓励学生并提供咨询。同时教师也要退居幕后，观察学生的表现，看他们是否完成了共同确定的任务，工作技能是否专业，是否注意到安全规范等。教师只有在有绝对必要时才进行干涉，使学生得到更多的行动空间，获得更多合作、共同决策及互相学习的机会。
➢ 在实验后：教师要以一种欣赏、同时又批判的眼光看待学生自己取得的成果。在采纳并赞赏学生意见的同时，引导他们深入反思，看到个人的不足。

按照建构主义理论，教师永远也不可能代替学生建构自己的认识和观点。如果教师对学习过程控制得太严，或者只是把最终结果摆在学生面前，学生则只需要理解在课堂上被灌输的知识，这将导致很大的风险：即学生会失去学习的兴趣（Rösch 1979, 283）。技术实验教学中需要学生有很强的独立性，教师不再采用灌输式的教学，而努力唤起学生的兴趣并增强其愉悦感。教师不一味追求标准化的知识性学习目标，而是充分理解个体构建知识的特点，在学生的专业解释出现错误或缺陷时，与学生进行对话（Solzbacher, Freitag 2001）。教师最重要的任务不是通过特定途径使学生记忆更多知识,而是把尽量多的材料呈现给学生供其选择。这并不是一件容易的事,因为学习设计大量与主题相关但并不重要的内容,需要教师花费更多时间和精力。

技术实验教学对教学组织也有较高的要求。专业设施设备、技术手册、工具、网络资源和实验环境缺一不可。相比传统的课堂教学,它需要更多的投资。

七、行动导向教学中的常用工具和手段

(一) 头脑风暴

1. "头脑风暴"法的概念

"头脑风暴"(brain storming)是教师引导学生就某一课题,自由发表意见,教师不对其正确性或准确性进行任何评价的方法。"头脑风暴"法与俗语中的"诸葛亮会"类似,是一种能够在最短的时间里,获得最多的思想和观点的工作方法,被广泛应用于在行动导向教学,参见图3-11。

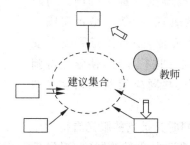

图3-11 "头脑风暴"的目的是获得大量建议

在职业教育实践中,可通过"头脑风暴"法,讨论和收集解决实际问题的意见和建议(总称为建议集合)。通过集体讨论,集思广益,促使学生对某一教学课题产生自己的意见,通过同学之间的相互激励引发起连锁反应,从而获得大量的构想,经过组合和改进,达到创造性解决问题的目的。

2. "头脑风暴"法的适用场合和实施过程

"头脑风暴"法适用于解决没有固定答案的或者没有参考答案的问题,以及根据现有法规政策不能完全解决的实际问题,如商品营销中的买卖纠纷、导购、广告设计,加工专业的工作程序设计教学

等。"头脑风暴"一般按三个步骤实施。

> 起始阶段：教师解释运作方法，说明要解决的问题，鼓励学生进行创造性思维，并引导学生进入论题。
> 意见产生阶段：学生即兴表达各自想法和建议。教师应避免对学生的想法立刻发表意见，也应阻止学生对其他同学的意见立刻发表评论。
> 总结评价阶段：师生共同总结、分析实施或采纳每一条意见的可能性，并对其进行总结和归纳。

经验表明，"头脑风暴"产生的建议有5%～10%是可行的。当学生人数多于6人时，可把建议集合分成几部分进行分组讨论。

3. 实施"头脑风暴"法的一些技巧

（1）引导激励自由联想

实施"头脑风暴"法应善于引导并激励学生开展自由联想，一般有三种联想类型：①相近联想。如由婴儿鞋子可以联想到婴儿，引导问题如"此前是什么情况？""与此同时出现什么？""以后将发生什么？"②相似联想。如看到狗想到老虎，引导问题如"这与什么东西有共同属性？"③相反联想，从侏儒联想到巨人，引导问题如"与其相反的是什么？""假如出现相反的情况将如何？"

（2）建立自由思考气氛

采用"头脑风暴"法时，要求所有学生都积极参与到创造新思想的过程中。学生不需要为自己的观点陈述原因，其他学生也没有必要立刻对某个观点加以评价、进行讨论或提出批评。应鼓励同学提出一些似乎很唐突的想法，因为这极有可能引发出智慧的火花。应当遵循以下规则。

> 任何一个想法都是重要的，提出的想法越离奇可能越有价值。
> 不对任何想法提出批评，不说"更好的想法是……"之类的话。
> 要强调提出想法的数量，譬如在5分钟内提出50个想法。
> 可以重复、修改别人提出的想法并再提出，不要说"已提过这个想法了"。
> 要有主持人进行引导，尤其是当出现沉默或讨论比较乏味时，要有应变并提出新思路的能力。

(3) 使用简洁的语言

参与者应学会使用简洁的语言说出自己的想法,掌握遇到抵触情绪和沉默的方法,能胜任记录员、主持人或激励者的不同的角色。

采用"头脑风暴"的注意事项见表 3-2。

表 3-2　采用"头脑风暴"的注意事项

时间	5~15 分钟
小组人数	5~12 人
结果保证	确定记录员,或就卡片征求所有人的意见
评价	在收集所有卡片后检验建议的可行性,引出进一步的设想

"头脑风暴法"应在一个开放、轻松的环境中进行,时间很短。可将其插入到任何一个教学单元或工作过程中。但是,对各种意见的评价和整理需要花费较多的时间(Bahr 1992)。

(二) 思维导图

1. 思维导图的概念

思维导图又称为脑图(Mind Map)或概念图(Concept Map),是用于组织和表征知识的工具,它通常将与某一主题的有关概念置于圆圈或方框之中,然后用连线将相关的概念和命题连接,连线上标明两个概念之间的意义关系,如图 3-12 所示。

人类大脑思维呈现的是放射性树状结构,而我们在日常工作中总结这种思维成果时往往采取线型方式,缺乏关联和重点。思维导图采取画图方式,将思维重点、思维过程以及不同思路之间的联系清晰地呈现在图中。这种方式在处理复杂问题时,既能显示出思维的过程,又可以很容易地理清层次,掌握重点。对于那些整天面对各种复杂问题并且需要尽快做出判断的人们来说,具有明显的帮助。

思维导图是打开大脑潜能的图解工具,它同时运用多种智能,包括词汇、图像、数字、逻辑、韵律、颜色和空间感知等,帮助人们有效地学习和工作。思维导图以直观形象的方式进行表达和思考,接近人的自然思维过程。使用思维导图学习新知识,人们不再被动记忆教师的每句话和一串串句子,而是主动地对关键概念进行加工、分析和整理。

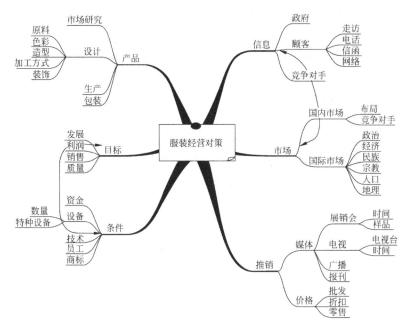

图 3-12 思维导图案例

2. 思维导图法的程序

采用思维导图法教学和工作的基本程序如下。

(1) 把学生组成 2~4 人的合作学习小组。

(2) 教师(或主持人,下同)宣布借助思维导图法,共同讨论一个中心议题,并提出解决的问题和希望实现的目标,同时提出需共同遵循的原则和注意事项,鼓励每个人积极思考,引导保持主题方向。

(3) 宣布小组工作时间以及讨论结果的表达方式;发给每组二级卡片,要求把主要思维结果用关键词的形式记录下来;学生按顺序上讲台,把思考结果作一分钟解释,并把卡片展示到墙脚或黑板上。在小组展示过程中,可把各组相同的卡片重叠到一起。

(4) 待各组全部展示完后,教师引导学生将卡片归类整理成若干大的方面。

(5) 继续发给各组 1~2 张卡片,要求各组就已归类的几个方面再进行思考,并规定时间,之后重复第三步,继续由学生上台作解释并展示卡片。

（6）此时学生展示的卡片形成一个图形，其基本特征是：中间为一个中心议题，往外是由若干个主要方面观点的卡片与中心议题连在一起，再往外则是第二次思考后展示次要观点的卡片，此时用线条把这些想法根据前后次序和相关性连接起来，形成一个思维导图，它是一个紧密联结在一起的互相交织的网络，所有内容都和主题相关联。

经验表明，围绕一个议题，经过全班学生分层思考和讨论形成的结果是比较全面、完整的，在思考过程中学生相互之间的启发作用亦很大。学生可掌握相对复杂的关联问题，根据相关因素的主次，进行分层和系统化的思考。

3. 采用思维导图法应遵循的原则和注意事项

在采用思维导图法进行教学和工作的过程中，应遵循以下几个基本原则。

- ➢ 禁止批评和评判，即使对幼稚的、错误意见的也不要立即加以批评。
- ➢ 允许和鼓励每个人充分发挥想象力，不关心顺序是否符合逻辑，要把所有与中心议题有关的想法写下来。
- ➢ 对于思维导图结果中的某些要点，教师可以进行进一步地引导或深入讲解，以利于学生思维的纵向发展。

如果思维导图法运用得当，可以发挥集思广益的奇效，不但使每个人独特的思考不受压抑，而且可以借鉴别人的智慧，激励自己的想象与灵感，产生更多更新更深层的想法，比独立思考获得更完美、更有价值的结果。采用思维导图法时应当注意以下几点。

- ➢ 讨论议题要具体明确，不宜过大或过小，不要同时讨论多个问题。
- ➢ 讨论进程要有节奏，时间计划性强，明确思考时间和上台展示解释时间。
- ➢ 利用关键词表达意思，字体尽量写得大一些。
- ➢ 教师对学生展示应作记录，多用肯定和鼓励的词语，可作简要的评价。
- ➢ 最后教师要进行归类、总结，形成最佳图示（苏州市劳动和社会保障局 2003）。

思维导图在我们的生活学习和工作的很多的方面都可以应用，它是一个不断在发展和完善的工具，同时它也是一门在不断精练和提高的技术(赵国庆 2014)。

(三) 张贴板和翻转板

1. 张贴板

张贴板(Pinwand)是一种可用特制大头针，随意钉挂写有文字的卡片或图表的硬泡沫塑料或软木板。在条件不允许时，也可以用白板和磁铁替代。在张贴板面上，可以钉上由参与者填写的、有关讨论或教学内容的卡通纸片，通过添加、移动、拿掉或更换卡通纸片而展开讨论、得出结论(参见图 3-13)。

图 3-13　用简易的张贴板进行实践专家研讨会(EXWOWO)

张贴板可用来收集和界定问题、征询意见、制订工作计划、收集解决问题的建议以及做出决定。它的突出优点是，最大限度地调动所有学生的学习积极性，有效克服谈话法不能记录交谈信息内容和传统黑板上文字内容难以更改、归类和加工整理的缺点，在短时间获得最多的信息。张贴板的缺点是占用时间较多，而且只能用在较小班组中。使用张贴板讨论问题的程序一般如下。

➢ 主持人准备。包括研讨题目、目标和过程阶段划分等。
➢ 开题。常采用谈话或讨论式。主持人提出要讨论或解决的课题，并将题目写在云彩形等特殊形状或颜色的卡片上，钉在张贴板上。
➢ 收集意见。参与者把自己的意见以关键词的形式写在卡片上，并由主持人、参与者自己或参与者代表钉在张贴板上。

- 加工整理。主持人和参与者共同通过添加、移动、取消、分组和归类等方法,将卡片进行整理和系统化处理,得出结论。
- 总结。主持人总结讨论结果。必要时,可用各种颜色的连线、箭头、边框等符号画写在纸上。记录最终结果。

主持人在讨论中应节制自己的主动行为,只通过恰当的提问或介绍,促使参与者积极主动地去思考、讨论和表达自己的意见。张贴板法的目的,是要获得一个能够代表多数参与者意见的结果。因此在讨论结束时,应保证所有参与者都认同张贴板上的结果。应保持卡片的匿名性,不扔掉任何一张卡片,不批判任何一个参与者。

2. 翻转板

翻转板(Flipchart)是在可移动的木板(或其他材料制造的)夹上挂上可翻动的书写(白)纸,在纸上用各种颜色的记号笔对研讨内容进行可视化处理的工具。它可以替代黑(白)板和投影仪等多种媒体,但与这些媒体相比,具有以下优点。

- 作为一种"主动性"的媒体,提供了多种教学方法的可能性,如进行补充、覆盖、移动和归类处理。
- 绘制的图纸可以在活动前事先准备好,也可挂在教室的任意一面墙上。
- 在讨论中,可以不断在事先准备好的图纸、补充绘制的图纸以及即兴绘制的图纸之间进行比较。
- 适合用多种颜色对不同内容进行强调和区分。
- 本身就是比较好的会议记录,可减轻研讨会后写报告的难度。

原则上,有三种使用翻转板的方法(如图 3-14 所示):一是在研讨开始之前完全准备好图;二是准备好图的一部分,取其余部分在研讨会上由参与者补充;三是在研讨会上完全是即兴绘制。可以看出,翻转板不仅仅是传统黑板的替代品,而是主持和展示技术的进一步发展。它"强化"了主持人和参与者之间的对话,促进了主持人与参与者之间的互动关系的加深。

在制作和使用翻转板时,主持人应注意以下几点。

- 每一张图只能有一个标题、一个题目和一个学习内容。
- 文字简练,尽量用关键词和缩略语来表达意思而不用长句。

图 3-14 翻转板的使用

➢ 尽量用拓扑图、符号、基本图形(如方形、圆、菱形等)、编号以及不同的字号、字体和颜色来划分图形的结构。
➢ 在纸上写字时,不要停止说话,而要提高声音。
➢ 绘图时不要背对参与者时间太长,书写过程中应让参与者提出建议和补充。
➢ 利用翻转板展开问题时应遵循"黑箱"原则,从整体逐渐过渡到细节(参见 Nitschke 1992)。

(四) 分散式岗位学习

在现代职业教育中,岗位学习具有不可替代的作用,这可以通过两个途径实现,一是学校的学习环境设计更加符合生产和工作的需要;二是使工作岗位具备培训潜力,通过合适的教育学方案使在岗学习(learning an the job)成为可能,因此必须对岗位工作与学习的范围、内容、方式方法及其在职业能力发展中的作用进行分析和研究。有学习价值的工作岗位,即学习型岗位,表现在不同的学习方法和工作形式上,前者如教练(coaching)、学习岛和质量小组(quality circle)等,后者如轮岗、小组作业和网络化工作等。企业岗位任务确定取决于企业的客观要求,而职业能力只有在以人为本的职业环境中才能获得发展,因此创建学习型的工作岗位及其学习环境,必须首要解决好这对矛盾。

分散式培训是 20 世纪后期发展起来的岗位学习理念,指将工作过程和学习行动结合在一起的企业学习方式,学员单独或以团队形式在工作岗位或工作岗位附近完成学习任务。在此,与实际生产相联系,不再是职业教育的补充,而是职业教育的必要条件和基本内容。

1. 质量小组与学习车间

质量小组是旨在提高生产力和产品质量的学习方案,指3～10个同事组成的工作小组,定期短暂聚集在一起,讨论特定的或现实的题目、问题以及工作任务,如改进生产技术和工作环境等,提出解决办法并通报给有关部门。小组会一般由受过专门培训的普通员工主持,小组成员有一定的稳定性。这样,普通员工在生产过程中就不仅仅是一个实施者,也可从计划和控制的角度来看待企业的问题,成为企业的主人翁(见表3-3)。

表3-3 质量小组的组成

项目	人数	主 要 功 能
核心成员	3～4	计划,按照"企业愿望"实施和控制小组的行动
主持人	1	召集、主持和帮助小组行动
质量小组长	1	领导小组工作,确认结果,搜集有关信息
小组成员	8～10	讨论问题,开发解决方案,提出建议,向上级提交报告

质量小组的学习或发展任务直接针对企业生产过程,其学习结果也针对生产过程的需求。必要时,可以邀请企业的技术专家和管理人员来解释专门的问题,以填补某些方面的知识空白,但一般不举办系统化的讲座或培训班。

"学习车间"(Lernstatt)就是可供学习的车间,目的是促进(基础较弱的)职工针对岗位需求的自我学习。这里,员工就共同的问题(如产品质量、材料、工艺设计和组织管理等)组成有一定期限的小组,在工作时间定期、自愿在工作岗位附近的房间里碰面,讨论解决或提高方案。按照学习车间模式,企业总部通常设有一个由企业教育专家领导的"学习车间总部"(通常由人力资源部负责),来设计、协调和监督各专业部门学习车间。各学习车间的学习主持人一般不是培训专家,而是专业人员。小组成员中一般没有直接上下级关系。学习车间的生命周期与具体的问题相同,即问题解决后,车间随即解散。如果出现新的问题,则成立新的学习车间。

质量小组和学习车间都是以提高产品质量和加强岗位学习为

目的的企业内小组行动,它们有以下共同特征。

- ➤ 自愿参加,小组成员人数有一定限制。
- ➤ 只讨论处理小组成员能力和权限范围内的具体工作问题。
- ➤ 小组成员来自同一专业工作领域,可对讨论的问题做出最终决策,必要时也可以外请专家。
- ➤ 作为主持人的小组长,既可以是小组成员的部门领导人,也可以是班组长或有经验的普通员工,他们需要团队工作、解决冲突等方面的专门培训。
- ➤ 小组行动使用张贴板等现代工作和研讨媒体。

2. 学习岛

人们从整个生产过程中找出或专门设计一些特定的生产步骤,将其分离并建成专门学习岗位。由于这些学习岗位处于大量的生产岗位"海洋"的包围之中,因此称为"学习岛"。学习岛是在工作岗位附近设置学习岗位的一种分散式培训方案。学员在教师的指导下,采用独立或小组方式,独立制订计划、完成任务并进行质量控制。多个学习岛可交织成为一个学习网络。

按照学习岛方案,学习并非发生在生产工作岗位上,而是处于生产区域内部的独立的"岛"上。学习岛的设备和学习内容与岛周围的生产岗位高度协调,没有通常学校或培训车间中的多种特殊条件。学习岛最大的特点是在学习和生产工作行动分离的情况下,将学习场所与工作环境整合起来。在理想条件下,学习岛的劳动组织方式和功能划分应与实际生产过程中的相同。学习岛的特点如下:

- ➤ 同专业或工种的学员共同生产一个产品或维护一套设备,减弱了个人原有的职业"功能",将直接功能(生产)与间接功能(计划、控制、生产、检验和经济核算)联系在一起。
- ➤ 学员在高度独立和自我管理的条件下学习。教师不是提供问题解决方案,而是生产过程和员工能力发展的主持人。
- ➤ 将生产环境扩展成为学习环境,为学员提供对生产任务、企业的社会过程和整个企业文化环境进行反思的机会(Bittmann u. a. 1992)。

学习岛是按照扁平化管理模式发展建立的现代"整体平行思维"以及新的学习工作一体化模式。除岗位的具体要求外,岗位学习环境还与很多因素有关,如行业特点、企业规模、生产组织形式以及从业者资格要求等,我们应该有意识地去开发和设计学习环境,这也是实现"工业 4.0"和"工业 2025"人才培养的基础。这里的"开发"指寻找和确定可以作为学习条件的工作岗位和相关的设施设备;"设计"是在企业内部有目的地创建学习型的工作组织结构(Dehnbostel,Walter-Lezius 1995)。

第四章　行动导向教学中的传统教学方法

一、传统的课堂教学

（一）传统教学方法的特点

行动导向学习按照（职业）行动的结构，以学生的职业工作或日常生活实践为基础，通过自主和合作式学习，让学生在具体的学习情境中建构自己的知识。与行动导向学习相比较，"传统"教学则更多的是一种学生比较被动的灌输式教学，强调教师在课堂上的权威，强调理论知识的系统化传授，其主要特点如下。

1. 在师生关系上，教师处于支配地位

在传统的课堂教学中，教师通常是整个课堂教学的组织者和规则的制定者。教师负责整个学习过程的计划、组织和控制，教师在讲台上对新知识进行说明和阐述、给学生发出指示、提出问题供学生思考并认可学生的学习成果。通过这种方式，教师成为课堂教学的中心。

2. 在学习方式上，学生处于被动学习的局面

在传统的课堂教学中，学习材料大多来自教师。教师是知识宝库，没有教师主动传授知识，学生就无法学到知识。尽管学生在被动接受知识的过程中也有主动成分，但学生"接受"知识多数是在外部压力和影响下实现，而不是通过主动行动获得的。教师从自己的角度代替学生选择哪些知识更重要——教师认为重要的知识自然就是学生必须学习的。教师想方设法采取不同策略呈现这些知识，希望指导学生高效"学习"。人们形象地称这种教学为"灌输式"或"填鸭式"教学。它所表达的教学理念是：学生可以学会任何学习

内容,但老师却"笨拙地"倾全相授。

3. 在评价方式上,注重同一化的结果评价

在传统的教学评价中,衡量学生学习成绩优劣的主要手段是频繁的考试,且多采用按照同一标准的标准化考试形式,学生由此得到一个可表明自己进步或退步的量化成绩单。量化考试成绩可以考查对陈述性知识的记忆程度,但是是否真的能说明学生的进步或退步还有待考证。统一和标准化考试能实现大范围的可比性,但是一纸定成败的评价形式无法对学生在较长时期内所学知识和形成的能力进行全面检测。

心理学研究表明,能够测量的知识主要是陈述性和明确的知识,对那些不可言明、不可解释但在实践中发挥更大作用的默会知识却无法考查。默会知识的学习和评价只能在特定的情境(如项目教学)中实现。按照加德纳(H. Gardner)的理论,学习评价的重点是学生在解决问题过程中表现出来的创造力,即高层次的思维能力和问题解决能力,如学生对实际问题的理解程度、投入程度、解决问题的技能和自我表达能力等,这在传统的教学评价中显然不是重点。传统教学与现代教学不同特点的比较见图4-1。

图4-1 传统教学方法与现代教学方法的比较

（二）传统的教学方法

传统课堂教学中常用的方法可分为四大类，即以语言传递信息为主的方法，以直接感知为主的方法，以实际训练为主的方法，以及以欣赏获得为主的方法。

1. 以语言传递信息为主的方法

以语言传递信息为主的方法主要包括讲授法、谈话法、讨论法和读书指导法等。

> 讲授法是教师通过语言向学生系统连贯的传授新的知识、技能，发展学生智力的教学方法，它可用于传授新知识，也可用于巩固旧知识，是传统教学方法体系中运用最多最广的一种方法。

> 谈话法又称问答法，是教师根据教学的目的的要求把教材内容概括成一系列问题，向学生提问，引导他们根据已有知识经验，通过问答、质疑、反问、补充和讨论，从结论中获得知识。它的主要特点是师生对话。

> 讨论法，是指在教师指导下，让学生独立阅读教材，收集资料，并进行集体讨论，借以交流信息、发展智能的一种教学方法。

> 读书指导法，是指教师指导学生通过阅读教材和参考书获得知识，巩固知识，并培养阅读能力的教学方法。

2. 以直接感知为主的方法

以直接感知为主的方法主要包括演示法和参观法。

> 演示法是指教师向学生展示实物等直观教具，使学生获得事物现象的感性知识，它的特点是直观性强。

> 参观法，是指教师根据教学目的，组织学生到校外观察自然现象和社会现象，从而获取新知识或验证已学过知识的教学方法。它的特点是让学生对所学内容在感性上有所认识，它主要通过学生在现场近距离地接触、感受客观事物而实现的，目的是激活学生间接接收的知识与信息，从而加深印象，巩固验证所学知识。涉及的心理过程是"观察比较"与"接触认识"，最大的优势是资源鲜活、生动，教学空间得到拓展，容易引起学生的兴趣。

3. 以实际训练为主的方法

以实际训练为主的方法主要包括实验法、练习法等。

> 实验法，是指学生运用一定的仪器设备进行独立作业，并通过观察事物的变化来获取知识，培养实验技能的一种教学方法。特点是让学生亲自动手，手脑并用，进行独立操作，理论与实践相结合。

> 练习法，是指在教师指导下，学生巩固知识、形成技能技巧，课堂教学普遍采取的教学方法。它的特点在于应用知识，形成技能与技巧，达到"会用"的目的。

4. 以欣赏获得为主的方法

以欣赏获得为主的方法主要指欣赏法，指教师利用教材规定的欣赏内容，使学生通过鉴赏美术和文学作品、戏剧表演以及技能表演等形式，陶冶学生的情感，培养学生正确的态度、趣味和一定的审美能力的教学方法。它的主要特点是使学生在认识作品的陶冶价值之后产生出积极的情感反应和审美愉悦感。欣赏是由知觉欣赏进入情感体验，最后为理性欣赏。常与其他教学方法结合运用。

（三）采用传统教学方法可实现的目标

1. 传统教学方法可实现的目标

在课堂教学中，当教师向学生说明一项事实、解释一个概念，或者介绍历史发展背景甚至自己的经验时，最常用的教学方法就是讲授。讲授法能向学生系统、有组织地传授知识，也能在一定程度上帮助学生获得职业能力和跨职业的能力。由于专业知识对学生的发展必不可少，因此不能全面否定传统教学方法在职业教育中的作用。

传授式教学是在学科体系条件下发展起来的方法体系，它的目的是：通过讲授和其他容易理解的方式，向学生展示明确、复杂和综合性的概念和知识。单从节约时间和追求速度的角度考虑，行动导向学习并不适合用于展示这类知识。尤其是在加工概念性知识和传授教学计划中所列的海量事实性知识方面，传统的传授式教学具有很大的优势(Pätzold u.a. 2003)。

传统的教学过程要求学生有较高的认知能力。他们必须时刻集中精力准备接受重要信息,时刻跟随着教师的思维,分辨重要和非重要的信息并记录最主要的信息和问题,必要时还要积极参与课堂讨论。对教师而言,除了具备专业知识外,还要具备有关教学内容的讲授能力以及在讲授过程中对课堂状况的敏感性和把握能力(Pahl 1998)。此外,一目了然的板书和多媒体使用也是必不可少的。

教无定法。事实上,我们并不能简单说哪些教学方法一定是好的,哪些一定不好。在职业教育中,不同教学方法对实现不同教学目标的支持程度不同。在职业教育教学设计中,基于不同的教学目标,Pätzold 等提出了各种教学方法的优先选择排序,见表 4-1。

但是人们发现,以上方法的优劣程度在信息技术领域有明显的不同,于是又对信息技术类专业的教学方法优先采用顺序进行了新的排序,见表 4-2。

表 4-1 和表 4-2 显示:传统的教学方法在"加工概念性知识""完成教学计划中的知识传授"两个目标上有明显优势,而在"学会如何运用知识""促进学生团队合作能力""加强学生沟通能力与解决矛盾能力""促进学生发现、解决问题的能力""提高学生创造力、积极性、独立性"等方面不如行动导向教学;而行动导向学习则恰恰相反,它能更好地实现学生综合职业能力发展的目标。由此可以得出结论:传统的教学方法的主要目标是系统传授知识,特别是以教材形式明确组织的陈述性知识,培养学生的数理逻辑能力。

2. 传统教学方法存在的问题

从职业教育的现状看,在班级课堂上给学生直接讲解知识仍然是许多职业学校最常见的教学形式。尽管大量理论研究和调查数据表明传统教学不应在职业院校中占主导地位,尽管大家在引入新的教学方式方法方面也做出了不懈的努力,但传授式教学模式的统治地位仍然没有发生根本性的变化(Shachar,Sharan 1995,56)。

传统教学的最大缺点是教师始终占据主导地位,学生总是依赖教师做出被动的反应,不同的见解、相左的意见、对"标准"答案的怀疑都被视作阻碍教学顺利进行的因素。显然这种以教师为中心的教学无法达到较高要求的教学目标,因为它不激励学生积极自主学习,也不鼓励独立寻找和评价答案,我们追求的人才培养和素质教

表 4-1 针对不同教学目标不同教学方法的优先选择顺序

教学方法排序 教学目标	第一位	第二位	第三位	第四位	第五位
加工概念性知识	传统课堂	信息化教学	实验	项目教学	考察
加工关联性知识	实验	项目教学	考察	传统课堂	信息化教学
学会如何运用知识	项目教学	实验	信息化教学	考察	传统课堂
提供与实际结合的校内培训	考察	项目教学	实验	信息化教学	传统课堂
完成教学计划中的知识传授	传统课堂	信息化教学	实验	项目教学	考察
促进学生团队合作能力	项目教学	实验	考察	信息化教学	传统课堂
提高学生的沟通能力	项目教学	实验	考察	信息化教学	传统课堂
加强学生解决矛盾的能力	项目教学	实验	考察	信息化教学	传统课堂
提高学生的创造力	考察	实验	项目教学	信息化教学	传统课堂
提高学生的独立性	项目教学	实验	信息化教学	考察	传统课堂
促进学生发现问题的能力	项目教学	考察	实验	传统课堂	信息化教学
促进学生解决问题的能力	项目教学	实验	信息化教学	考察	传统课堂
学会展示和主持能力	项目教学	信息化教学	实验	考察	传统课堂
学会获得信息的能力	项目教学	信息化教学	信息化教学	考察	传统课堂
帮助学生有效率地学习	考察	实验教学	实验	传统课堂	信息化教学
改善教师和学生之间的关系	项目教学	考察	信息化教学	传统课堂	信息化教学
改善学生之间的相处	项目教学	项目教学	实验	信息化教学	传统课堂
因材施教	信息化教学	项目教学	实验	考察	传统课堂

资料来源：Pätzold u. a. 2003, 93-94

第四章 行动导向教学中的传统教学方法

表 4-2 信息技术类专业针对教学目标不同教学方法的优先选择排序

教学方法排序 教学目标	第一位	第二位	第三位	第四位	第五位
加工概念性知识	传统课堂	信息化教学	项目教学	案例分析	考察
加工关联性知识	项目教学	案例分析	传统课堂	考察	信息化教学
学会如何运用知识	项目教学	信息化教学	信息化教学	考察	传统课堂
提供与实际结合的校内培训	考察	项目教学	信息化教学	案例分析	传统课堂
完成教学计划中的知识传授	传统课堂	信息化教学	案例分析	项目教学	考察
促进学生团队合作能力	项目教学	案例分析	考察	信息化教学	传统课堂
加强学生沟通能力	项目教学	考察	信息化教学	信息化教学	传统课堂
加强学生解决矛盾能力	项目教学	案例分析	案例分析	信息化教学	传统课堂
提高学生创造力	项目教学	考察	考察	案例分析	传统课堂
激发学生积极性	项目教学	信息化教学	信息化教学	考察	传统课堂
加强学生独立性	项目教学	案例分析	案例分析	考察	传统课堂
促进学生发现问题的能力	项目教学	案例分析	信息化教学	信息化教学	传统课堂
促进学生解决问题的能力	项目教学	案例分析	案例分析	考察	传统课堂
学会展示和主持能力	项目教学	信息化教学	案例分析	考察	传统课堂
学会获得信息的能力	信息化教学	项目教学	传统课堂	案例分析	考察
帮助学生有效率地学习	项目教学	考察	案例分析	案例分析	考察
改善教师和学生之间的关系	项目教学	考察	案例分析	传统课堂	信息化教学
因材施教	信息化教学	信息化教学	案例分析	信息化教学	传统课堂

资料来源: Pätzold u. a. 2003, 192-193

育目标,如促进学生社会能力、专业能力和方法能力的发展,也不可能完全实现(Pätzold u. a. 2003)。

在传统教学中,教师的教学行为决定了整个教学过程。学生得到和消化理解的是"事先准备好"的成品。教师只是单纯讲授或示范技术规则,学生连发现"被驾驭的新知识"的机会都没有。尽管学生也是学习环境的组成部分,但教师始终是决定因素。教师通过设置学习任务议题限制了学生的主动性和能动性的发挥,学生几乎不需要去理解学习环境,也不需要考虑整个学习过程,所有事情都被教师"越俎代庖"做完了。对于学生来说,这样的教学相当危险,它慢慢扼杀了学生天然的学习积极性,学生不可避免地被迫成为知识接受型的被动听众(Rösch 1979)。

被动地接受式学习使学生处在一种安逸的"知识消化状态",养成了依赖教师提供信息的习惯。学生会毫无批判地全盘接受来自教师的信息,不会尝试与教师持相左的观点,或设法获得反面信息(Pahl 2005)。由于对学生综合能力发展的忽视,由于过度强调教师权威,忽视学生的主观能动性,由于学习步伐和进度一直备缺乏个性化的学习,由于热衷于接受型和被动的学习方式而使课堂纪律完全表面化等原因,传统的传授式课堂教学的有效性一直备受怀疑(Mietzel 2007, 40)。

二、传统教学方法在行动导向教学中的应用

(一)传统教学方法与行动导向教学的整合

1. 传统教学方法与行动导向教学整合的必要性

研究发现,学生的学习总是需要教师一定程度的指导和支持才能成功。如果学生希望有目标和高效率地学习,教师的指导必不可少。教师指导程度的高低,取决于学生对学习方法的掌握程度。因此,"以学生为中心"和"教师的控制与指导"并不是两个对立的概念,而是两个互补因素。现在摆在我们面前的问题是:是把"精确选择合适的知识内容,确定严谨的内容结构,设计科学的教学过程、科学控制教学过程",还是将"从实践和行动中学习"理念放在优先考虑位置,即是否将教学重点放在学生的自主学习、合作学习和研究(开发)性学习上?

事实上，无论是过度强调教师的主导地位，还是过度强调学生的主导地位，都是不恰当的。尽管行动导向学习强调学生积极的、独立的、自主进行的"意义建构"，但这并不意味着教师仅仅只是承担激励、建议和引领的非重要角色。大量个案研究显示：教师一定程度的监控和指导，对高效实现特定的学习目标非常重要。几乎所有教学案例都显示了教师掌控（课堂教学）对学生学习成果的意义。但与传统教学相比，成功的教学更强调学生的责任心和自我组织能力（Klippert 2004）。由此可以得出结论，即"主动的教师并不一定导致学生的被动学习"（Weinert 1996，6）。很多研究发现，如果没有教师的有效指导和支持，面对要求较高的学习目标，学生在知识体系构成、对所获取信息的抽象理解、认知发展以及学习效率方面都会出现问题。因此，尽管传统的教学方法广受批判与质疑，但它在很多方面还是有积极意义的，有必要合理而适度利用传统教学方法，并将其有效地引入到行动导向教学中。

2. 传统教学与行动导向教学整合的原则

针对如何将传统教学方法与行动导向教学整合，Weinert 提出的原则是：给学生尽可能多的自主学习空间，教师必要时给予一定指导和支持（1996）。这个原则可以解释为：在教学中，要在教师的外部指导与学生自主形成的有益的学习活动之间实现平衡（Reinmann-Rothmeier，Mandl 1998）。行动导向学习是一种适应性强、形式多样的学习方式。从学生角度讲，学生要在职业行动中实现来自外部调控和自身调控两者之间的平衡。只有在（教师）指导和（学生）自主能力达到平衡的状态下，学生才能处于更好的学习状态。

学生的自我调控和教师的外部调控能融合到何种程度，取决于学生的经验、自信程度和已具备的学习方法能力，这也决定了给学生布置何种复杂程度的学习任务更合适（Klippert 2004）。传统以教师为中心的教学对初学者可能更适用，教师可以利用这种模式将学生引导到自我管理的学习模式中（Dubs 2004）。随着学生学习能力的提高，教师可逐步放弃自己的指导权和"权威"地位，最后将整个学习过程完全交给学生。这是一个漫长的过程，教师需把握好其中的尺度，既不能够操之过急，也不能迟迟不敢放手。

（二）案例：从四阶段教学法到工作行动示范法

1. 传统的四阶段教学法

在职业教育中，四阶段教学法是把教学过程分为准备、教师示范、学生模仿和练习总结四个阶段的程序化教学方法，主要用于技能培训，这四个阶段介绍如下。

- 准备：教师设置问题情境，说明学习内容的意义，调动学生的学习积极性。
- 教师示范：主要目的是让学生知道操作程序，即"怎样做"。
- 学生模仿：挑选多个学生（按接受能力从强到弱的顺序）按示范步骤重复教师操作，必要时解释做什么，为什么这样做。教师观察学生模仿过程，得到反馈信息。
- 练习总结：教师布置练习任务让学生独立完成，自己监督整个练习过程，检查练习结果，纠正错误。教师还对整个学习内容进行归纳总结，重复重点和难点。

四阶段教学常用于实践技能培训，第二、三阶段在一个教学单元中可以反复进行，具体次数视学生掌握程度和课题难易程度决定。

四阶段教学法的学习过程与认知规律较为相近，学生能够在较短时间里掌握学习内容。但是，由于学生没有机会尝试自己的想法，而必须模仿教师的"正确做法"，因而很大程度上限制了创造性的发挥。表4-3为四阶段教学法的详细过程。在实践中，教师可根据实际情况加以取舍。

表4-3　四阶段教学法的教学过程

第一阶段：准备阶段	
1. 基础准备工作	划分教学单元，准备必需的仪器设备、工件和教具
2. 学生介入 教学开始	① 教师与学生之间相互问好 ② 介绍学习本教学单元内容的意义
3. 说明学习目标，激发学生的兴趣	① 准确描述课题的任务 ② 向学生展示教学工具、设备和加工工件 ③ 介绍所要加工工件的用途、功能和所学工作行为方式的重要性

续表

4. 确认学生的基础水平	① 注意观察学生已掌握的操作或行为方式 ② 让学生演示已学过的操作或行为方式,确定下一步教学程度
5. 正确引导	让学生感到现在教师示范的就是他一会儿必须做的,学生不能站在教师的对面
第二阶段:教师示范 1. 第一种示范形式:给出基本概况和第一印象	① 示范整个工作过程,解释在"做什么",按照操作步骤进行 ② 不详细处理每个细节(怎么做,为什么这样做) ③ 重复多次整个复杂过程,并让学生说出下一个步骤的名称
2. 第二种示范形式:具体到每一个细节	① 按照每个学习步骤示范,详细解释"怎么做,为什么这样做" ② 重复难度较大的步骤 ③ 注意在讲解过程中使用同样的术语和表达方式
3. 第三种示范形式:总结	① 对整个过程进行熟练示范并用简洁的语言解释"什么,怎么" ② 在进行每个示范步骤之前,让学生说出该步骤的名称 ③ 可能时,让学生独立描述工作过程并说出注意事项
第三阶段:学生模仿 1. 第一种模仿形式:获得基本概况和第一印象,尝试	① 给学生自由表达意见的机会 ② 肯定学生在首次尝试中取得的成绩 ③ 尽量不打断学生的模仿过程,只是在学生继续不下去或继续下去肯定不会成功时才加以干涉 ④ 在第一次尝试失败时,教师重复示范整个过程,但要着重强调引起学生失败的那个步骤,可通过与学生的讨论增强效果
2. 第二种模仿形式:具体到每一个细节	① 让学生按照每一个步骤模仿工作或操作过程,详细说明"什么""怎么做"和"为什么这样做" ② 注意解释操作过程的逻辑关系 ③ 让学生对整个过程进行较流利的模仿并用简洁的语言解释在"干什么","为什么这样做" ④ 让学生模仿每一步骤前都能说出其名称
3. 第三种模仿形式:总结	对重要工作过程和注意事项进行提问,特别是难点

续表

第四阶段：练习与总结	
1. 让学生独立练习	① 预先告知练习的期限 ② 让学生在较长的时间里独立工作
2. 让学生了解在哪里可以得到帮助	学生可与已掌握本教学内容的高年级学生建立一种师生关系，以便获得克服练习中所遇到的困难的帮助
3. 在开始时注意并向学生提供较多的帮助 4. 掌握练习进程	① 注意学生取得的成绩并让学生本人也感受到，可同学生共同评定成绩 ② 避免密集型练习，教师应合理安排作息时间和变换教学内容，保障学生学习新内容所需要的体力、敏感和思维反应能力
5. 认可练习结果 6. 形式上结束教学单元	① 和学生讨论练习的成果 ② 指正学生在练习中出现的错误和不足之处 ③ 总结学习成果

资料来源：Schelten 1994

2. 对四阶段教学法的反思

传统的四阶段教学法是一种典型的行为主义的模仿学习，其获得操作技能的教学目标过于狭隘，在当代教学论研究中，常常被视作落后的教学方法。从 20 世纪 60 年代初开始，世界上就有很多学者对严格的行为主义理论进行批判，社会认知学习理论的鼻祖班杜拉特(A. Bandura)就是其中之一。他认为，操作条件反射理论(奖励＋惩罚)无法对人类的学习行为做出令人信服的解释。从"观察"到"学会"的过程极为复杂。人不仅通过评估别人的行为结果来学习，而且还通过观察别人的行为过程(即所谓的榜样)来学习。只有这样，才有可能习得别人的经验并将其据为己有(Mietzel 2007, 159)。

然而事实上，四阶段教学法以及各种以"示范—模仿"为基本特征的行为主义教学方法目前在职业教育实践中仍然被普遍采用，即使在德国也是如此(Pätzold u. a. 2003)，特别是在企业培训中。人们习惯了用四阶段教学法传授技能和知识，有些实训教师对此甚至都没有产生过任何怀疑(Sand, Stöhr 2001)。即便是有些了解现代教学理论的人也认为，学校教学强调行动与思维的渗透，而企业培训的重点是行为模式的模仿和操作能力训练(Rösch 1979)。这提醒我们，应当适度发展四阶段教学方法及其方法理论，从而使其更切合实际的需要。

关于隐性知识传授与接受方式的讨论再度唤起了人们对学徒培训中观察学习的兴趣。事实上,简单的"示范—模仿"并不是学徒培训的真谛。学徒制是最早采用"主动行动"学习的教学方式。在传统的学徒培训中,互动学习模式始终占据着主导地位。对于学徒来说,师傅是他的"学习榜样"(模型)。好师傅不仅要向其徒弟示范如何解决专业问题,而且还要用通俗易懂的语言向这些(仍然是)外行的学徒解释解决问题的思想、推断和看法。师傅是徒弟的教练,负责监督其工作,给出正面或负面的反馈(Mietzel 2007,109)。只有在本专业领域里有充分实践经验的人,才能就随时可以出现的复杂问题给出指导方案,指导学徒进入其共同的职业实践共同体。

研究表明,学习最终并不是盲目地跟从和模仿,而是建立在切身体会和理解基础上的(Ortmann 2003)。观察学习的核心是通过观看示范实现认知层面的学习,并最终形成一种行动模式。通过观察,行动变成一种内心的展示行动。Hacker也提到"内心行动模式和内部展示",有人称之为"思维反映系统"。这个"反映系统"不仅包含行动范式,还包括有关行动的条件和行动效果的知识。"思维反映系统"使学生在真实实施之前就有机会先进行实验(Rösch 1979)。

在示范教学中,教师向学生展示如何应对并完成一项任务,同时配上自己的讲解和说明。这里最重要的是应将讲解说明和行动联系起来。与传统四阶段教学"示范—模仿"不同的是,教师示范的不是一种操作方法,而是一种行动模式。学生的任务也不是尽可能逼真地模仿和复制,而是对自己的策略有选择地拓展或细化,从而建构自己的意义。在此,示范教学也是一种"认知模式",如教师在示范操作方法时不仅要解释操作方法,而且还要介绍这种方法所蕴含的思想,并说明原因(Meichenbaum 1977)。

从这个意义上讲,技能并不完全是缺乏思想和创造力的机械化操作,技能练习也不是无知识含量的单调重复性操作。技能是有丰富经验的一种思想和行动过程,人们在相关行动实施场合中通过目标明确的反思性训练获得这种能力,并不断对其加以拓展(Husinga,Lisop,Speier 1999)。

社会认知学习理论将模型建构与简单的模仿区别开来。模型是对观察到的行为模式的复制,它有更重要的意义(Mietzel 2007,

163)。根据认知学徒制理论的解释,教师(或专家)首先展示他的行动过程,同时口头描述他的做法和思想(认知模型)。通过这种方式,学生可以清楚地观察到整个认知过程。然后学生自己研究一个类似的问题。必要时,他可以从教师那里得到提示或帮助。即教师承担教练角色,帮助学生搭建学习过程的"脚手架"。随着学生能力的逐渐提高,来自教师的帮助会慢慢变少,直至消失(即"渐隐")。在学习过程中,学生要不断地清楚表达自己的思想过程和解决问题的策略。他们在学习过程中还要与其他学生一起讨论,并反思整个问题的解决过程。在这一过程的最后阶段,学生还会被不断激励成为一个主动的探寻者,形成自己独立的解决问题的方法。

在此,Anderson"获得熟练技巧的三阶段"理论为我们提供了理论基础(1995),这三个阶段是感知(perception)、解析(parsing)和使用(utilization)。

第一阶段为感知阶段,是指对声音或书面信息等原始编码的感知过程,是陈述性或解释性阶段。学生先在一些案例的启发下分析一项工作任务,他获得的信息是教师示范并解释过的,需要不断重复运用这些技能技巧。信息最初进入人的认知系统时保持很短的时间。

第二个阶段是解析阶段。这是个知识整合阶段。在此,学生通过观看示范获得的技能在不断重复操作后变得程序化,学生不再需要更多认知努力运用这些技巧。在同样情况下,知识的陈述性效果也逐渐减弱。

第三阶段为知识使用阶段,即"做"的阶段。学生将获得的心理表征与长期记忆中的陈述性知识结合起来,对技能的认知达到了一定水平,即 Berry 和 Broadbent(1987,1988)所说的"内在知识"阶段。按照这种程序形成的知识在不断操练后可转变为运动技能程序(转引自 Anderson 1995,511)。

3. 工作行动示范法

(1) 工作行动示范法的概念

四阶段教学法并不是无法变通的僵化概念。我们可将学习工作行为的整个活动拆解成若干小的部分活动,再针对其中个别的部分活动进行示范(参见图 4-2)。这样,四阶段教学法就不再是一种让学生陷入被动学习的方法,而可以要求学生积极参与教学活动,从而形成"工作行动示范"学习,即"通过对模型进行观察学习"(Lernen am Modell)。在此,教师需要激发学生参与教学活动的积极性,要求其仔细观察别人的示范性任务完成过程,并指导学生主动参与到整个教学过程中。示范教学的形式因教师和学生在教学活动中参与程度的不同而不同。

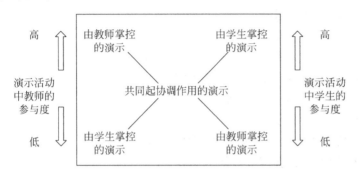

图 4-2　工作行动中的示范

(2) 工作行动示范法的类型

工作行动示范法是通过对模型进行观察的教学方法,分为以下两种。

① 由教师控制的示范教学。工作示范教学法是传统教学方法的一种变异形式,通常人们认为它也具备传统教学方法的一系列缺点,但这种说法并不准确,这仅限于教师控制下的示范教学。在所有有关四阶段教学法的描述中,几乎都没有提示范教学的另一种表现形式,即学生有一定主动性的示范教学法。有人甚至怀疑,由于夸大了教师控制的作用,从而导致学生陷入更加被动的境地(Rösch 1979)。事实上,教师控制的示范教学法也有一定教育价值。如果能将其与不同教学场合和背景结合起来,也可以达到一定的教学目的。

② 合作示范法。通常认为,四阶段教学法的结构是不能变通的,这使学生变成了被动的观众,但实际情况并非绝对如此。四阶段教学法的每一步并不是不容改动的,而是可灵活变通,每个阶段可针对具体情况有所改变。比如,学生可以自己激励自己,主动为大家进行个别步骤的演示;学生还可以在课堂上模仿其他同学的(良好)示范行为。典型的例子如,网球教练会选择一个学生重复向其他同学展示如何打出正手和反手球。这个学生无疑是其他同学

"较好的学习榜样"(Mietzel 2007,164)。

(3) 工作技术示范教学法的目标

工作技术示范教学能实现以下目标。

- 陈述性和程序化的工作过程知识和能力是职业行动能力的重要组成部分。利用工作技术示范法,可以向学生展示工作流程,包括工作方法和实施过程,帮助学生更好地认识与理解职业行动,并获得有关专业化行动的清晰概念。
- 动作技能是职业能力的另一重要组成部分,观察式学习能帮助学生学习专业化行动,培养工作行为并唤起学生的学习兴趣,促使学生去模仿教师。利用某种工作方法和技术"辛勤耕耘",本身就是一种学习过程。
- 帮助学生恰如其分地使用工具和设施设备,学生通过装配、功能调试和使用等活动,学会合理和经济地工作,并进行质量控制,形成基本工作能力。
- 培养学生的观察能力。观察是"一个人有意识、有目标地将自己的注意力放在一个可感觉、可领会的事物上",这在很大程度上是一种主动察看(Klingberg 1976,313)。主动学习是观察学习取得成功的一个重要条件。

在现在工业生产中,随着机械化和自动化生产的普及,手工技能技巧的地位并没有降低,只是其内涵和作用方式发生了变化。例如在机械制造领域,技术工人的手工技能技巧是职业能力的核心部分,是新的生产体系和任务分工的组成部分。职业学习的关键是如何仔细观察操作过程,通过范式性的工作形成系统化的工作能力。如果学生能清楚了解普遍适用的方法和工作程序,教师就可以介绍工作步骤的细节。为了让学生更好理解专业工作中的重要原则和技巧,只能通过有示范性特征的任务。例如,只有操作铣床的人才知道铣床操作的主要特征和规律。技术设备越复杂,就越有必要加强和巩固操作技术(Fischer,Rauner 2002)。这些操作能力必须在职业教育中学会,或通过实物操作,或利用模拟方式。

通过操作活动不但能提高学生的专业水平,也能提高学生情感层面和心理运动技能层面的能力。在工作任务对操作技能要求不高时,为给学生留下足够的思考空间,可以让学生尽量自主完成这些任务,包括操作过程分析,鼓励学生获得知识、使用知识和拓展知识,并提高解决问题的能力(Pahl 2005)。

(4) 工作行动示范法教学的步骤

成功的观察学习分为四个阶段,即引发注意阶段、保留阶段、再生阶段和动机阶段(Bierhoff,Frey 1993,525)。在职业教育中,工作行动示范教学通过以下步骤实现。

① 准备。工作技术示范教学的第一步是工作分析,这是课前准备工作的核心。教师选择好工作任务,将完成任务的过程划分为几个可以学习的部分。可以表格方式表述,表格分为三个栏目,即各步骤的名称、内容和原因。原因栏中的信息是对职业行动的解释,要通俗易懂。工作分析迫使教师再次认真思考自己熟知或不言而喻的事实,努力把自己的隐性知识向学生展示出来;它帮助教师再度借助新手的眼睛和学生一起观察工作过程,并在大脑中搜寻现在对自己已没有困难,但是对学生可能是难点的问题(Rösch 1990)。

② 激励学生。教师介绍学习主题,说明工作任务,激活学生的原有知识(即先决知识)体系,激励学生。工作技术示范法的一个优点是能激发学生兴趣,引发其注意力。首先,教师向学生解释,他们学会这些工作对未来有多么重要;其次,教师向学生展示成功的产品和成果,让学生自己也想拥有像教师一样的能力。提问有助于教师了解学生的先决知识。教学者需要消除学生的拘束,向他们说明学习目标,确定学生的原有知识水平并激励他们

③ 工作行动的示范。工作行动由教师或学生专业化地进行示范,并附有简单的口头讲解。示范过程可随时中断并鼓励学生提问。学生一边观察,一边与自己的行动进行对比,因此有必要使行动步骤一目了然(见图 4-3)。

要设法让多数学生都主动参与到示范中来。在教师主导的示范中,学生缺乏参与积极性,自然而然被排挤成为被动的观众,并最终导致学习动机缺失和课堂纪律失控。向学生提出问题有利于教师在示范过程中激发学生的主动性。例如,下面的步骤是什么?如果是你,你会选择哪种工具?提问有助于控制学生,促使他们有意识有目的地观察示范。例如,谁能将此重复一遍?谁对此还有问题?

除了自我引导法(Selbstinstruktionsmethode)外,还可以使用视频技术解决传统四阶段教学法的局限性。

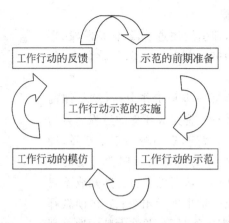

图 4-3　工作行动示范的步骤

④ 工作行动的模仿。让学生实施、解释并阐述工作行动。学生描述他们的操作方法和实施过程中出现的问题。学生亲自试验所观察到的战略,并拓展自己的战略方法。对工作行动进行解释,能激励学生在观察示范时的积极参与,并使他们成为主动的观察者。

⑤ 工作行动的反馈。在最后的总结性谈话中,师生共同反思和评价学生的行动和操作方法,学生在此次任务中获得的知识是否能运用在其他任务中也是讨论的一大焦点。对工作行动给出反馈,有助于将知识运用到别的职业领域。学生要想对工作方法和专业技术更好地领会和理解,需要得到教师对其工作行动的反馈。对工作行动的反馈可为学生提供有益的信息。若不对学生的学习成效进行控制,即使示范很顺利,其效果也未必明显。一方面,反映学习成效的反馈激励学生以同样方式重复能获得成效的工作行动;另一方面,还可以改善成效不高的工作行动,从而巩固学习成果。在对学生领会的工作行动做出反馈时,需注意以下几项规则。

➤ 有促进意义的反馈:若教师承认学生取得的学习成效并积极强化这一成效时,反馈就有促进意义。要想使学生改正工作行动中的缺点,教师在反馈时提出的批评必须真正有帮助、有促进意义。无建设意义的反馈会打击学生的学习积极性和自信心。

➤ 实事求是的反馈:教师的反馈应反映实际情况,是对学生取得的成绩的客观评价。

> 精确的反馈：一般性的描述对学生没有太大帮助。学生有权清楚地知道自己在哪些地方做得对，哪些地方做错了。教师的批评应尽可能细致。教师还应仔细观察学生的复述和模仿行为，并给出客观的反馈(Mietzel 2007,168)。

通过跟踪学生的学习效果以及评价其完成的操作步骤，学生可以深入了解应如何顺利操作技术设备，从而获得有计划、系统的操作技能。与此同时，在学习过程中受到的启发还能帮助学生分析他们所获得的知识，这有助于他们解决在未来的职业行动环境中遇到的问题(Pahl 2005)。

（5）工作行动示范法的要求

工作行动示范教学要求教师必须掌握相关专业知识和所有重要的行动方式，领会学生提出的（内容有可能拓展了的）专业问题，即具备较强的专业理解能力和处理问题能力。观察学习的第一步是唤起观察者的注意力。教师应了解观察学习的特征，有调动学生学习积极性的经验，有能力说服学生相信他们所学的一切是有意义的(Mietzel 2007)。

教师的行动方式必须毫无差错，是可模仿而且符合实际的。只有这样，学生才能了解到精准、专业的行为过程。忽视反馈和不适宜的反馈都是教师要注意避免的(Rösch 1997)。

参考文献

[1] Achtenhagen, F.; Lempert, W. (Hg.) (2007): Lebenslanges Lernen im Beruf, Band 3. Psychologische Theorie, Empirie und Therapie. Opladen: Leske + Budrich.

[2] Adolph, G. (1984): Fachtheorie verstehen. Reihe Berufliche Bildung, Bd. 3. Wetzlar: Jungarbeiterinitiative an der Werner-von Siemens-Schule.

[3] Aebli, H. (1985): Zwoelf Grundformen des Lernens.

[4] Aebli, H. (1990): Zwölf Grundformen des Lehrens: eine allgemeine Didaktik auf psychologischer Grundlage. Medien und Inhalte didaktischer Kommunikation, der Lernzyklus. Stuttgart: Klett-Cotta.

[5] Aebli, H. (1993): Denken: das Ordnen des Tuns-Band I: Kognitive Aspekte der Handlungstheorie. Stuttgart: Klett-Cotta.

[6] Anderson, J. R. (1995): Cognitive Psychology and Its Implications. New York: Freeman.

[7] Arnold, R. (Hg.) (1997): Ausgewählte Theorien zur beruflichen Bildung. Baltmannsweiler: Hohengehren.

[8] Arnold, R.; Lipsmeier, A.; Ott, B. (1998): Berufspadagogik kompakt-Prüfungsvorbeireitung auf den Punkt. Berlin: Cornelsen.

[9] Australian National Training Authority. (2003): Training Package Development Handbook 2003. Brisbane.

[10] Axmann, M. (2004): Facilitating Labour Market Entry for Youth through Enterprise-Based Schemes in Vocational Education and Training and Skills Development. No. 48. Series on Youth and Entrepreneurship. ILO Geneva. http://www.ilo.org/wcmsp5/groups/public/---ed_emp/---emp_ent/---ifp_seed/documents/publication/wcms_117683.pdf.

[11] Bader, R. (1989): Berufliche Handlungskompetenz. In: Die Berufsbildende Schule. (41)2: 73-77.

[12] Bader, R. (2000): Arbeits-und erfahrungsorientiertes Lernen in berufsbildenden Schulen. In: Dehnbostel, P.; Novak, H. (Hg.): Arbeits-und erfahrungsorientierte Lernkonzepte. Bielefeld: Bertelsmann, 11-23.

[13] Bader, R.; Schäfer, B. (1998): Lernfelder getalten. Vom komplexen Handlungsfeld zur didaktisch struktuierten Lernsituation. In: BbSch (50): 7/8: 229-233.

[14] Bahr, W. (1992): Handbuch zur Ausbilder-Eignungspruefung und Ausbildungspraxis, Bonn: IFA-Verlag.

[15] Bastian, J. (Hg.) (1997): Theorie des Projektunterrichts. Hamburg: Bergmann und Helbig.

[16] Bauer, H. G.; Brater, M.; Büchele, U. (2007): Lern(prozess)begleitung in der Ausbildung. Bielefeld: W. Bertelsmann.

[17] Beck, K. (Ed.) (2002): Teaching-Learning Processes in Vocational Education. Konzepte des Lehrens und Lernens. Vol. 5. Frankfurt/Main: Lang.

[18] Bellmann, K.; Himpel, F. (2006): Fallstudien zum Produktionsmanagement. Wiesbaden: Gabler

Verlag.

[19] Bierhoff, H. W. ; Frey, D. Dieter Frey. (1993): Sozialpsychologie-Individuum und soziale Welt. Göttingen: Hogrefe Verlag.

[20] Bittmann, A. u. a. (1992): Lerninseln in der Produktion als Prototypen und Experimentierfeld neuer Formen des Lernens und Arbeitens. In: Dehnbostel, P. u. a. (Hg.): Lernen für die Zukunft durch verstärktes Lernen am Arbeitsplatz, Berlin/Bonn.

[21] Blankerz, H. (1976): Bildung im Zeitalter der grossen Industrie. Hannover.

[22] Bliesener, T. ; Brons-Albert, R. (Hg.) (1994): Rollenspiele in Kommunikations-und Verhaltenstrainings. Opladen: Westdt. Verl.

[23] Blötz, U. (Hg.) (2001): Planspiele in der beruflichen Bildung. Abriss zur Auswahl, Konzeptionierung und Anwendung von Planspielen. Bielefeld: Multimedia-Publikation.

[24] Bloy, W. ; Pahl, J.-P. (Hg.) (1995): Das Unterrichtsverfahren Technisches Experiment. Beiträge zum Handlungslernen in der Versorgungstechnik. Seelze-Velber: Kallmeyer.

[25] Boehm, U. (Hg.) (1997): Kompetenz und berufliche Bildung im informellen Sektor. Baden-Baden: Nomos.

[26] Böhle, F. (1995): Überblick über Ziele, Ergebnisse und Perspektiven des CeA-Forschungsverbundes. In: Martin, H. (Hg.): CeA-Computergestützte erfahrungsgeleitete Arbeit. Berlin, Heidelberg, New York et. al. : Springer, 6-14.

[27] Bolder, A. (2002): Arbeit, Qualifikation und Kompetenz. In: Tippelt, R, (Ed.): Handbuch Bildungsforschung. Opladen: Leske + Budrich, 651-674.

[28] Bowden J. A. (1997): Competency-Based Education-Neither a Panacea nor a Pariah. http://crm.hct.ac.ae/events/archive/tend/018bowden.html.

[29] Bundesinstitut für Berufsbildung (Hg.) (1988): Leittexte in der Ausbildungspraxis. Berlin: BIBB.

[30] Bünning, F. (2007): Approaches to Action Learning in Technical and Vocational Education and Training (TVET). Bonn: InWEnt.

[31] Buschel, W. ; Gaiser, B. (1999): Flexibilität vs. Rigidität beim Einsatz vernetzter, multimedialer Lernumgebungen. In: Baron, E. (Hg.): Elektronische Medien in der wissenschaftlichen Weiterbildung-Möglichkeiten, Erfahrungen, Anstöße. TU Braunschweig, Zentralstelle für Weiterbildung, Braunschweig, 69-78.

[32] Chuang, K. , Tsai, M. (2009): A Case Study of the STS Teaching Strategy and Pattern in Application for the Project Based Learning in Technological and Vocational Education. Journal of Asian Vocational Education and Training, 2009(2): 77.

[33] Clement, U. (2003): Competency Based Education and Training-eine Alternative zum Ausbildungsberuf? In Arnold, R. (Hg.): Berufspädagogik ohne Beruf. Opladen: Leske + Budrich, 129-157.

[34] Corbett, J. M. ; Rasmussen, L. B. ; Rauner, F. (Eds.) (1988): Crossing the Border. The Social and

Engineering Design of CIMS. London/Berlin: Springer.

[35] Czycholl, R.; Ebner, H. G. (1995): Handlungsorientierung in Berufsbildung. In: Arnold R.; Lipsmeier, A. (Hg.): Handbuch der Berufsbildung. Opladen: Leske+Budrich.

[36] DECS (Department for Education and Children's Services South Australian) (1997): Key Competencies-Professional Development for Teachers and Trainers. Victoria University.

[37] Dehnbostel, P.; Holz, H.; Novak, H.; Schemme, D. (2001): Mitten im Arbeitsprozess: Lerninseln. Bielefeld: Bertelsmann.

[38] Dehnbostel, P.; Walter-Lezius, H. J. (1995): Didaktik moderner Berufsbildung-Standorte, Entwicklung, Perspektiven. Berlin/Bonn.

[39] Dewey, J. (1933): Berufsbildung und Persönlichkeitsentwicklung. Stuttgart.

[40] Dostal, W. (2008): Occupational Research. In: Rauner, F.; Maclean, R. (Eds.): Handbook of Technical and Vocational Education and Training (pp. 162-169). Dordrecht: Springer, 162-169.

[41] Dreher, R.; Spöttl, G. (Hg.) (2002): Arbeiten mit Projekten-ein Ansatz für mehr Selbständigkeit beim Lernen. Bremen: Donat Verlag.

[42] Dreyfus, H. L.; Dreyfus, S. E. (1986): Mind over machine: the power of human intuition and expertise in the era of the computer. Oxford: Blackwell.

[43] Dubs, R. (1989): Kaufmännische Berufsbildung für die Zukunft: Studie; Informationstagung 25. Januar 1989 in Zürich. Inst. für Wirtschaftpädagogik an der Hochsch.

[44] Dubs, R. (2004): Qualitätsmanagement in Schule. Bönen: Verl. für Schule u. Weiterbildung. Druck-Verl. Kettler.

[45] Eicker, F. (1983): Experimentierendes Lernen. Bad Salzdetfurth.

[46] Eraut, M. (1994): Deveoping Professional Knowledge and Competence. London.

[47] Erpenbeck, J. (1996): Selbstgesteuertes, selbstorganisiertes Lernen. In: AG QUEM (Ed.): Kompetenzentwicklung 1996. Berufliche Weiterbildung in der Transformation-Fakten und Visionen. Münster: Waxmann, 309-316.

[48] Erpenbeck, J.; Heyse, V. (1999): Die Kompetenzbiographie. Strategien der Kompetenzentwicklung durch selbstorganisiertes Lernen und multimediale Kom-munikation. Münster: Waxmann.

[49] Erpenbeck, J.; Rosenstiel, L. V. (Hg.) (2003): Handbook Kompetenzmessung. Stuttgart: Schaeffer-Poeschel.

[50] Ertl, H.; Sloane, Peter F. E. (2006): Curriculare Entwicklungsarbeiten zwischen Lernfeld und Funktionsfeld. In: ZBW. Beiheft 19: 117-127.

[51] Fink, R. (2003): Handbuch Kompetenzmessung. Erkennen, verstehen und bewerten von Kompetenzen in der betrieblichen, pädagogischen und psychologischen Praxis. Stuttgart.

[52] Fischer, M. (2000): Von der Arbeitserfahrung zum Arbeitsprozesswissen. Opladen: Leske + Budrich.

[53] Fischer, M.; Rauner, F. (Hg.). (2002): Lernfeld: Arbeitsprozess. Baden-Baden: Nomos.

[54] Fischer, M.; Rauner, F.; Zhao, Z. (Hg.) (2015): Kompetenzdiagnostik in der Beruflichen

Bildung-Methoden zum Erfassen und Entwickeln beruflicher Kompetenz: COMET auf dem Prüfstand. Münster: LIT.

[55] Frey, K. (2002): Die Projektmethode. 9. Aufl. Weinheim: Belz.

[56] Friedrich, H. F.; Mandl, H. (1997): Analyse und Förderung selbstgesteuerten Lernens. In: Enzyklopädie der Psychologie. Pädagogische Psychologie. Psychologie der Erwachsenenbildung. Göttingen: Hogrefe.

[57] Gage, N. L.; Berliner, D. C. (1996): Pädagogische Psychologie. Weinheim.

[58] Gerwin, W.; Hoppe, M. (1997): Experimente in der handlungsorientierten Berufsbildung. Berlin.

[59] Glasersfeld, E. von (1999): Konstruktivismus und Unterricht. Zeitschrift für Erziehungswissenschaft. 4, 499-506.

[60] Gonczi, A. (1996): Reconceptualising Competency-based Education and Training: with particular reference to education for occupations in Australia.

[61] Grob, U.; Maag Mierki, K. (2001): Überfachliche Kompetenzen. Bern: Lang.

[62] Gruber, H.; Ziegler, A. (Hg.) (1996): Expertiseforschung. Theoretische und methodische Grundlagen. Opladen: Leske + Budrich.

[63] Gudjons, H. (1997): Handlungsorientiert lehren und lernen. 5. Auflage. Bad Heilbrunn/Obb.: Klinkhardt.

[64] Hacker, W. (1986): Arbeitspsychologie, Psychische Regulation von Arbeitstätigkeiten. Berlin (Ost).

[65] Hacker, W.; Skell, W. (1993): Lernen in der Arbeit. Berlin.

[66] Hager, P. (1995): Competency Standards-a Help or a Hindrance? An Australian Perspective. The Vocational Aspect of Education. 47(2), 141-151.

[67] Hahne, K. (1998): Auftragsorientiertes Lernen im Handwerk. In: Pahl, J.-P.; Petersen, R. (Hg.): Individualisierung-Flexibilisierung-Orientierung. Metalltechnische Erstausbildung neu denken. NeusäÜ: 97-110.

[68] Hartig, J.; Klieme, E. (2006): Kompetenz und Kompetenzdiagnostik. In: Schweizer, K. (Hg.): Leistung und Leistungsdignostik. Berlin: Springer, 127-143.

[69] Havighurst, R. J. (1972): Developmental task and Education. New York: Longmans & Green.

[70] Heidegger, G.; Adolph, G.; Laske, G. (Hg.) (1997): Gestaltungsorientierte Innovation in der Berufsschule. Bremen: Donat.

[71] Heinecke, A.; Oelsnitz, D. von der. (1995): Kriterien für eine erfolgreiche Einführung von DV-gestützten Führungsszstemen. In: Zeitschrift für Planung, 31. Jg. Heft 6: 69-86.

[72] Holling, H.; Liepmann, D. (2004): Personalentwicklung. In: Schuler, H. (Hg.): Lehrbuch Organisationspsychologie. Huber: Bern, 285-316.

[73] Hoppe, M.; Frede, W. (2002): Handlungsorientiert lernen über Aufgabeenstellungen zur beruflichen Handlungskompetenz. Konstanz: Verlag Dr.-ing. Paul Christiani.

[74] Hoppe, M.; Hummel, J.; Gerwin, W.; Sander, M. (Hg.) (2003): Lernen im und am Kunde-

nauftrag-Konzep-tion, Voraussetzung, Beispiele. Berichte zur beruflichen Bildung, Heft 260. Bielefeld.

[75] Hortsch, H. (2006): Didaktik der Berufsbildung. Seminarblätter an TU Dresden u. TU Peking.

[76] Huber, G. L. (1985): Lernprozesse in Kleingruppen: Wie kooperieren die Lerner? Unterrichtswissenschaft, Jg. 23, No. 4, 316-331.

[77] Humphreys, A. H.; Post, T. R.; Ellis, A. K. (1981): Interdisciplinary Methods: A Thematic Approach. Santa Monica, Calif.: Goodyear Publishing Co.

[78] Husinga, R.; Lisop, I.; Speier, H.-D. (Hg.) (1999): Lernfeldorientierung. Konstruktion und Unterrichtspraxis. Frankfurt/M.

[79] Jank, W.; Meyer, H. (1991): Didaktische Modelle. Frankfurt am Main: Cornelsen Scriptor.

[80] Jenewein, K.; Knuth, P.; Röben, P.; Zülch, G. (Hg.) (2004): Kompetenzenentwicklung in Arbeitsprozessen. Baden-Baden: Nomos.

[81] Kaiser, F.-J. (Hg.) (1982): Die Fallstudie. Theorie und Praxis der Fallstu-diendidaktik. Bad Heilbrunn/Obb.

[82] Kenner, M. (2004): Interkulturellles Lernen an beruflichen Schulen. In: Jung, E., Kenner, M. (Hg.): Neue Bildungsmedien in der arbeits-und berufsbezogenen politischen Bildung. Bielefeld: 95-113.

[83] Kern, H.; Schumann, M. (1984): Das Ende der Arbeitsteilung? Rationalisierung in der industriellen Produktion: Bestandsaufnahme, Trendbestimmungen. München: Beck.

[84] Klauser, F. (1999): Fertigkeitsentwicklung-eine didaktisch-methodische Leitidee zur Ausgestaltung und Umsetzung lernfeldstrukturierter Curricula. In: Lisop, I.; Huisinga, R.; Speier, H.-D. (Hg.): Lernfeldorientierung-Konstruktion und Unterrichtspraxis. Frankfurt: Verlag der Gesellschaft zur Förderung arbeitsorientierter Forschung und Bildung, 303-328.

[85] Klein, U. (1990): PETRA Projekt-und transferorientierte Ausbildung. München: Siemens-Aktionges.

[86] Kleiner, M.; Rauner, F.; Reinhold, M.; Röben, P. (2002): Curriculum-Design I-Arbeitsaufgaben für eine moderne Beruflichkeit, Identifizieren und Beschreiben von beruflichen Arbeitsaufgaben. Konstanz: Dr.-Ing. Paul Chtistiani.

[87] Kliebisch, U. W.; Sommer, P. (1997): Projektarbeit. Konzeptionen und Beispiele. Baltmannsweiler: Schneider-Verlag.

[88] Klingberg, (1976): Allgemeine Didaktik. Berlin.

[89] Klippert, H. (2004): Methoden-Training. Übungsbausteine für den Unterricht. Weinheim: Beltz.

[90] KMK (Hg.) (2000): Erarbeitung von Rahmenlehrplänen der KMK für den berufsbezogenen Unterricht in der Berufsschule und ihre Abstimmung mit Ausbildungsordnungen des Bundes für anerkannte Ausbildungsberufe vom 15.09.2000.

[91] KMK. (1991): Rahmenvereinbarung über die Berufsschule. Beschluss der Kultusministerkonferenz vom 14./15.3.1991, Bonn.

[92] Koch,. J. ; Selka,R. (1991): Leittexte-ein Weg zu selbständigem Lernen. Veranstalter-Info. Berlin: Bundesinstitut für Berufsbildung.

[93] Krapp,A. ,Weidenmann,B. (2001): Pädagogische Psychologie. Weinheim.

[94] Kriz,W. C. (2001): Systemkompetenz spielend erlernen-ein innovatives Trainingsprogramm in der universitären Lehre. In: Blötz.

[95] Kruse, W. (1985): Neue Technologien,Arbeitsprozesswissen und soziotechnische Grundbildung. Gewerkschaftliche Bildungspolitik,85(5),150-152.

[96] Laur-Ernst, U. (2001): Berufsbildung in der Wissensgesellschaft-Selbstverständnis und Aktionslinien. In: DbSch 53, Heft 11-12.

[97] Lehmann, B. (2002): Kompetenzvermittlung durch Fernstudium. In: Clement, U. ; Arnold, R. (Hg.): Kompetenzentwicklung in der beruflichen Bildung. Opladen: Leske + Budrich,117-129.

[98] Lempert,W. (2008): The Development of Moral Judgement. In: Rauner, F. ; Maclean,R. (Eds.) (2008): Handbook of Technical and Vocational Education and Training Research. Dordrecht: Springer,489-496.

[99] Lenzen,D; Mollenhauer, K. (Hg.) (1995): Enzyklopädie Erziehungswissenschaften. (2nd Edition). Stuttgart: Klett.

[100] Leontjew,A. (1979): Tätigkeit BewuÜtsein Persönlichkeit. Berlin.

[101] Lipsmeier, A. (1995). Didaktik gewerblich-technischer Berufsausbildung (Technikdidaktik). In Arnold,R. & Lipsmeier,A. (Ed.). Handbuch der Berufsbildung (pp. 230-244). Opladen: Leske+ Budrich.

[102] Maag Merki, K. (2008): Cross-Curricular Competencies. In: Rauner, F. ; Maclean, R. (Eds.) (2008): Handbook of Technical and Vocational Education and Training Research. Dordrecht: Springer,517-523.

[103] Meichenbaum,D. (1977): Congnitive-behavior modification: A integrative approach. New York: Plenum Press.

[104] Mertens, D. (1974): Schlüsselqualifikationen-These zur Schulung für eine moderne Gesellschaft. In: Mitteilungen aus der Arbeitsmarkt-und Berufsforschung, Nürnberg 1974.

[105] Metzger, Ch. ; Seitz,H. ; Eberle,F. (Hg.) (2000): Impulse für die Wirtschafspädagogik. Zürich.

[106] Meyer,H. (2000): Unterrichts-Methoden II: Praxisband. Berlin: Cornelsen Scriptor.

[107] Miezel, G. (2007): Pädagogische Psychologie der Lernens und Lehrens. 8. Aufl. Göttingen u. a. : Hogrefe.

[108] National Education Association. (1948): The Yardstick of a Profession,Institute on Professional and Public Relations. Washington D. C. ,NEA.

[109] Neuweg,G. H. (2005): Der Tacit Knowing View. Konturen eines Forschungsprogramms. In: Zeitschrift für Berufs-und Wirtschaftspädagogik 101,(4). 556-573.

[110] Nitschke,H. (1992): Erfolgreiche Vorträge und Seminare. Ehningen: expert verlag.

[111] Norton B. (2000): The DACUM connection. The Ohio State University.

[112] Ortmann, G. (2003): Organisation und WelterschlieÜung: Dekonstruktionen. Wiesbanden: VS Verlag für Sozialwissenschaften.

[113] Ott, B. (1995): Gangzheitliche Berufsbildung. Stuttgart: Steiner.

[114] Pahl P.-J. , Rauner F. ; Spöttl G. (Hg.). (2000): Berufsliches Arbeitsprozesswissen. Baden-Baden: Nomos.

[115] Pahl, J.-P. (1998): Bausteine beruflichen Lernens im Bereich der Technik. Teil 2: Methodische Konzeptionen für den Lernbereich Technik. Alsbach: Leuchturm.

[116] Pahl, J.-P. , Petersen, R. Hg. (1998). Individualisierung-Flexibilisierung-Orientierung. Metalltechnische Erstausbildung neu denken. Neusäß.

[117] Pahl, J.-P. ; Rauner, F. (Hg.) (1998): Betrifft: Berifsfeldwissenschaften: Beiträge zur Forschung und Lehre in der gewerblich-technischen Fachrichtungen. Bremen: Donat Verlag.

[118] Pahl, J.-P. ; Ruppel, A. (2007): Bausteine beruflichen Lernens im Bereich "Arbeit und Technik": Teil 1: Berufswissenschaftliche Grundlegungen, didaktische Elemente und Unterrichtsplanung. Bielerfield: Bertelsmann.

[119] Pampus, K. (1987): Ansätze zur Weiterentwicklung betrieblicher Ausbildungsmethoden. In: BWP, 16. Bd. , Nr. 2: 43-51.

[120] Pätzold, G. (Hg.) (1992): Handlungsorientierung in der beruflichen Bildung. Frankfurt/Main: Verlag der Gesellschaft zur Förderung arbeitsorientierter Forschung und Bildung.

[121] Pätzold, G. , Busian, A. (2004): Lernortkooperation als Mittel zur Entwicklung von Lehr-Lern-Arrangements. In: Euler, D. Hg. Handbuch der Lernortkooperation. Band 1: Thoretische Fundierungen. Bielefeld: Bertelsmann. 502-521.

[122] Pätzold, G. ; Klusmeyer, J. ; Wingels, J. ; Lang, M. (2003): Lehr-Lern-Methoden in der beruflichen Bildung. Universität Oldenburg.

[123] Rauner, F. (1995): Gestaltung von Arbeit und Technik. In: Annold, R. ; Lipsmeier, A. (Hg.): Handbuch der Berufsbildung. Opladen: Keske + Budrich, 52-72.

[124] Rauner, F. (1999): Entwicklungslogisch strukturierte berufliche Curricula: Vom Neuling zur reflektierten Meisterschaft. ZBW. 99 (3), 424-446.

[125] Rauner, F. (2004): Praktisches Wissen und berufliche Handlungskompetenz. ITB-Forschungsberichte, Nr. 14. Universität Bremen: ITB.

[126] Rauner, F. u. a. (2008): Messen beruflicher Kompetenze. Band I. Berlin/Münster: LIT.

[127] Rauner, F. ; Grollmann, P. (2006): Beufliche Kompetenz als Massstab für einen europäischen Berufsbildungsraum. In: Grollmann u. a. (Hg.): Europäisierung Beruflicher Bildung. Münster: LIT.

[128] Rauner, F. ; Heinemann, L. ; Maurer, A. et al. (2013): Competence Development and Assessment in TVET (KOMET). Theoretical Framework and Empirical Results. Dordrecht: Springer.

[129] Reglin, T. ; Schöpf, N. (2007): ECVET im Automotive-Sektor. Untersuchung zu den Erfordernissen der Erprobung eines Credit-Systems für die Berufsbildung in der deutschen Automobilindus-

trie. Endbericht. Nürnberg, 2007.

[130] Reinmann-Rothmeier, G. ; Mandl, H. (Hg.) (1998): Psychologie des Wissensmanagements. Perspektiven, Theorien und Methoden. Göttingen.

[131] Röben, P. (2008): Competence and Expertise Research. In: Rauner, F. ; Maclean, R. (Eds.). Handbook of Technical and Vocational Education and Training Research. Dordrecht: Springer, 371-279.

[132] Roehl, H. (2000): Instrumente der Wissensorganisation Perspektiven für eine differenzierende Interventionspraxis. Wiesbaden: Gabler Verlag.

[133] Rösch, H. (1979a): Die Entwicklung der kognitiven Kompetenz des Berufsschülers. In: VBB aktuell (Verband der Lehrer an beruflichen Schulen), München.

[134] Rösch, H. (1979b): Die Entwicklung der sozialen Kompetenz des Berufsschülers. In: VBB aktuell, München.

[135] Rösch, H. (1979c, 1980): Die Beziehung der Praktischen Fachkunde zur Fachtheorie. Erwerb der fachlichen/beruflichen Handlungskompetenz. In: VBB aktuell. Erste u. Zweite Auflage. München.

[136] Rösch, H. u. a. (1990): Didaktik des berufspraktischen Unterrichts Metalltechnik (Band 1), Bau- und Holztechnik (Band 2), Ernährung und Hauswirtschaft (Band 3). Alsbach/Bergstraüe.

[137] Rösch, H. (1993): Merkmale und Formen des handlungsorientierten Unterrichts. TU München, Lehrstuhl für Pädagogik.

[138] Rösch, H. (2000): Beiträge zur Didaktik und Methodik der beruflichen Bildung. Merkmale und Formen des handlungssystematischen und fachsystematischen Lernens. TU München, Lehrstuhl für Pädagogik.

[139] Roth, H. (1957): Pädagogische Psychologie des Lehrens und Lernens. Hannover: Schroedel.

[140] Sand, C. ; Stöhr, A. (2001): Evaluation der Büroberufe. Abschussbericht zum Ausbilderberuf Bürokauf-mann/Bürokauffrau, Heft 56. Bonn: BIBB.

[141] Sandberg, J. (2000): Understanding Human Competence at Work: an Interpretative Approach. Academy of Management Journal. 43(1), 9-25.

[142] Schaper, N. ; Sonntag, K. (2007): Wissensorientierte Verfahren der Personalentwicklung. Knowledge Oriented Training Methods. In: Schuler, H. ; Sonntag, Kh. : Lehrbuch der Arbeits- und Organistaionspsychologie. Göttingen: Hogrefe, 602-612.

[143] Schelten, A. (1994): Einführung in die Berufspädagogik. Stuttgart: Steiner.

[144] Schelten, A. (1995): Grundlagen der Arbeitspaedagogik. Dritte Auflage. Stuttgart: Steiner.

[145] Seifert, H. ; Weitz, B. O. (1999): Handlungsorientierte Methoden und ihre Umsetzung. Bad Homburg vor der Höhe.

[146] Selka, R. ; Conrad, P. (1987): Leittext. In: Wittwer, W. (Hg.): Methoden der Ausbildung. Didaktische Werkzeuge für Ausbilder. Köln: Fachverlag Deutscher Wirtschaftsdienst, 243-59.

[147] Shachar, H. ; Sharan, S. (1995): Cooperative Learning and Organization of Secondary Schools. School Effectiveness and School Improvement, 6, 47-66.

[148] Simon, H.; Homburg, C. (Hg.) (1995): Kundenzufriedenheit. Konzepte, Methoden, Erfahrungen. Wiesbaden.

[149] Sloane, P. F. E.; Twardy, M.; Buschfeld, D. (2004): Einführung in die Wirtschaftspädagogik. Paderborn.

[150] Solzbacher, C.; Freitag, C. (2001): Anpassen, verändern, abschaffen? Schulische Leistungsbewertung in der Diskussion. Bad Heilbrunn: Julius Klinkhardt.

[151] Straka, G., Macke, G. (2002): Lern-Lehr-Theoretische Didaktik. Münster: Waxmann.

[152] Van Ments, M. (1998): Rollenspiel: effektiv. Ein Leitfaden für Lehrer, Erzieher, Ausbilder und Gruppenleiter. München.

[153] Volpert, W. (1983): Handlungsstrukturanalyse als Beitrag zur Qualifikationsforschung. Köln: Pahl-Rugenstein.

[154] Volpert, W. (1999): Wie Wir handeln-was wir können. Ein Disput als Einführung in die Handlungspsychologie. Sottrum: Artefact Verlag.

[155] Weinert F. E. (2001): Concept of competence. In: Rychen, D. S.; Salganik, L. H. (Eds.): Defining and Selecting Key Competencies. Seattle, Bern: Hogrefe & Huber, 45-65.

[156] Weinert, F. E. (Hg.) (1996): Psychologie des Lernens und der Instruktion. Enzyklopädie der Psychologie. Pädagogische Psychologie. Göttingen: Hogrefe.

[157] Weinert, F. E. (Hg.) (1997): Psychologie des Unterrichts und der Schule. Göttingen.

[158] Weitz, B. O. (2000): Handlungsorientierte Methoden und ihre Umsetzung, Band 2. Bad Homburg vor der Höhe.

[159] Wibrow, B. (2011): Employability at a glance. NCVER.

[160] Wilsdorf, D. (1991): Schlüsselqualifikationen. Die Entwicklung selbständigen Lernens und Handelns in der Berufsausbildung. München: Lexika Verlag.

[161] Wingens, M. (1998): Wissensgesellschaft und Industrialisierung der Wissenschaft. Wiesbaden.

[162] Womack J. P.; Jones D. T.; Ros, D. (1990): The Machine that Changed the World. MIT Rawson Associates.

[163] Zhao, Z.; Rauner, F. (eds.) (2014): Areas of Vocational Education Research. Heidelberg, New York et al.: Springer.

[164] Zhao, Z. (2014): KOMET-China: Die Schritte auf dem Weg zu einem nationalen Schlüsselprojekt der Qualitätssicherung in der Beruflichen Bildung. ZBW. 110 Band, Heft 3: 442-448.

[165] 彼得·罗夫斯基. 普通心理学[M]. 朱智贤, 译. 北京: 人民教育出版社, 1981.

[166] 陈宇. 职业能力以及核心能力[J]. 职业技术教育, 2003(11): 26.

[167] 杜威. 民主主义与教育[M]. 陶志琼, 译. 北京: 中国轻工出版社, 2014.

[168] 加德纳. 多元智能[M]. 沈致隆, 译. 北京: 新华出版社, 1999.

[169] 姜大源, 吴全全, 等. 当代德国职业教育主流教学思想研究[M]. 北京: 清华大学出版社, 2007.

[170] 姜大源. 基于全面发展的能力观[J]. 中国职业技术教育, 2005(22): 1.

[171] 匡瑛. 究竟什么是职业能力——基于比较分析的角度[J]. 江苏高教, 2010(1): 131-133, 136.

[172] 李其龙.德国教学论流派[M].西安：陕西人民教育出版社,1993.
[173] 姜大源,吴全全,等.当代德国职业教育主流教学思想研究[M].北京：清华大学出版社,2007.
[174] 刘来泉.深化教学改革,突出特色,提高质量,进一步推动职业教育健康发展.面向 21 世纪的职业教育教学改革[C].北京：高等教育出版社,1998.
[175] 刘洋,和震.职业能力研究进展综述.职业与成人教育研究新进展(第一辑)[M].北京：北京师范大学出版社,2012：45-73.
[176] 马克思.1844 年经济学哲学手稿[M].中共中央马克思恩格斯列宁斯大林著作编译局,译.北京：人民出版社,2007.
[177] 孟广平.能力本位教育与职业技术教育课程开发[J].职业技术教育,2000(12)：32-33.
[178] 彭云,张倩苇.课程整合中跨学科教学的探讨[J].信息技术教育,2004(4)：96-101.
[179] 乔姆斯基.乔姆斯基语言学文集[M].宁春岩,译.长沙：湖南教育出版社,2006.
[180] 人力资源和社会保障部.国家职业技能标准编制技术规程(人社厅发[2012]72 号).北京：人力资源和社会保障部,2012.
[181] 吴雪萍.国际职业技术教育研究[M].杭州：浙江大学出版社,2004.
[182] 徐国庆.解读职业能力[J].职教论坛,2005(36)：1.
[183] 严雪怡.教育分类、能力本位与广义的职业能力培养[J].职业技术教育(理论版),2007(7)：11-13.
[184] 杨进.论职业教育创新与发展[M].北京：高等教育出版社,2004.
[185] 杨黎明.关于学生职业能力的发展[J].职教论坛,2011(3)：5-8.
[186] 赵国庆.别说你懂思维导图[M].北京：人民邮电出版社,2015.
[187] 赵志群.关于行动导向的教学[J].职教论坛,2008(10)：1.
[188] 赵志群.职业能力研究的新进展[J].职业技术教育,2013(10)：5-11.
[189] 中国 CBE 专家考察组.CBE 理论与实践[M].北京：中国教育国际交流协会,1993.
[190] 钟启泉,张华.世界课程变革趋势研究[M].北京：北京师范大学出版社,2001.